SDGsという17のゴールがあります。
国際連合《こくさいれんごう》加盟国《かめいこく》である日本に住んでいる私《わたし》たち一人ひとりが、
この17のゴールを達成《たっせい》することを担《にな》っている、ことになっているのです。
あなたがこのゴールを担《にな》っていることが、どこで、どのように決定したのでしょう。
このゴールに向かっていくと、どんな未来《みらい》を創《つく》ることになるのでしょう。
どうやら、子どもも大人も一緒《いっしょ》になって、
一人ひとりが“今の私《わたし》にできること”を始めることが、未来創造《みらいそうぞう》につながるようです。

17のゴールが自分自身のゴールになることにチャレンジしていきましょう。

もくじ

※学校名はアルファベット順に掲載しています。

第1章　17のゴールを使って身のまわりの出来事をとらえる

出来事をとらえる前に……

世界のリーダーたちが2015年９月の国連《こくれん》サミットで採択《さいたく》した、SDGs（17のゴール）が定められたプロセスに目を向けていきましょう。

17のゴールは、「誰《だれ》一人取り残《のこ》さない（No one will be left behind）」という考え方にもとづいて定められました。言い換《か》えれば、今から創《つく》っていく未来《みらい》で生きていく、すべての時代のすべての人のための目標《もくひょう》ということです。

SDGsのゴールを設定《せってい》するときのポイントになった点は次の３つです。

1. 貧困《ひんこん》の根絶《こんぜつ》（経済《けいざい》・社会開発）と持続可能《じぞくかのう》な社会（環境保全《かんきょうほぜん》）の両立
2. 不平等《ふびょうどう》（格差《かくさ》）の是正《ぜせい》
3. 開発途上国《とじょうこく》だけでなくすべての国に適応《てきおう》される

SDGs１７のゴールを支《ささ》える要素《ようそ》

持続可能《じぞくかのう》な開発目標《もくひょう》（SDGs）に示《しめ》された17のゴールと169のターゲットはどれも、人間、豊《ゆた》かさ、地球、平和、パートナーシップという５つの要素《ようそ》のいずれか一つ以上《いじょう》に関《かか》わりを持っています。あなたは、これら５つの要素《ようそ》がどのように関連《かんれん》し合っていると思いますか。この５つの要素《ようそ》を大切にすることで、私《わたし》たちの生活にどのような変化が起こるのかを想像《そうぞう》してみましょう。

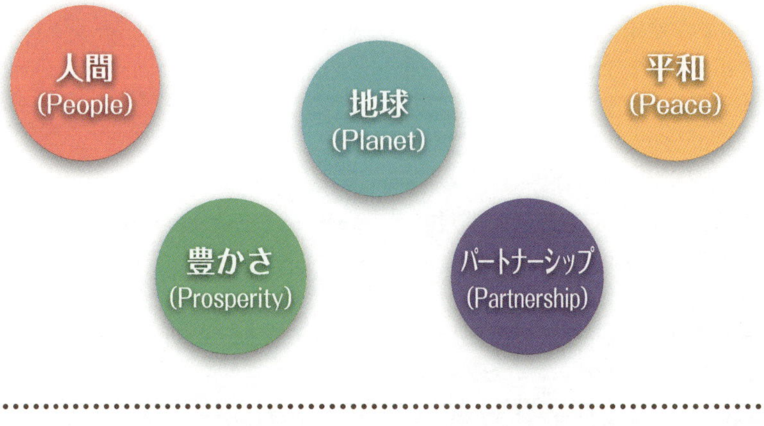

17のゴールを使って身のまわりの出来事を探《さぐ》っていこう① ゴミ

これはゴミ？ ゴミじゃない？

「ゴミ」ときいたときに思いつくものはたくさんあります。自分と関係《かんけい》があることとして結《むす》び付《つ》きをつくれるものを、どこまで広げられるかな？ 自分の事としてとらえられる範囲《はんい》はどれくらい広がるかな？

□あきてしまったゲームソフト
□体に合わなくなって着られない服
□消しゴムのかす
□蛇口を閉め忘れて流れてしまった水
□公園に積もっている落ち葉
□古い建物を壊して使われなくなった木の柱
□原子力発電所で冷却用に使われた放射性物質をふくんでいない水
□サンドイッチをつくるときに切り取るパンの耳
□焼却場でゴミを燃やした後に残る灰
□水族館で飼育していた魚の死骸
□鮮魚売り場で刺身をつくった残りの骨や頭
□畑で虫に食われてしまったキャベツやレタスの葉
□下水処理場でふんや尿を処理した後に残る泥（汚泥）
□机の上にかざってあるぬいぐるみ
□小学校卒業と同時に使わなくなるランドセル
□ポストに入れられた広告
□だれもいない部屋で光っている照明器具
□美容院で切り落とした髪の毛
□読み終わった本
□電車が走るときに出る音
□建物を建てるときに取り除いた土
□呼吸によって大気中に排出される二酸化炭素
□電球が発光するときに出る熱
□食べたガムを包んでいた紙
□建物を建てるときに、削り取った木くずや金属くず
□誰も見ていない石像や仏像
□ご飯をつくるときに出た野菜の切れはし
□病院で注射をしたときに使われた注射器の針やガーゼ
□スーパーマーケットで買い物をしたときにもらったビニール袋
□工場で製品をつくるときに出された汚れた空気や水

あなたが思い浮かべるゴミもかき入れてみてね!!

あなたがそれを“ゴミ”だと判断《はんだん》したときに、自分の中で何が起こっていたかな？

マップにしてつなげていこう！

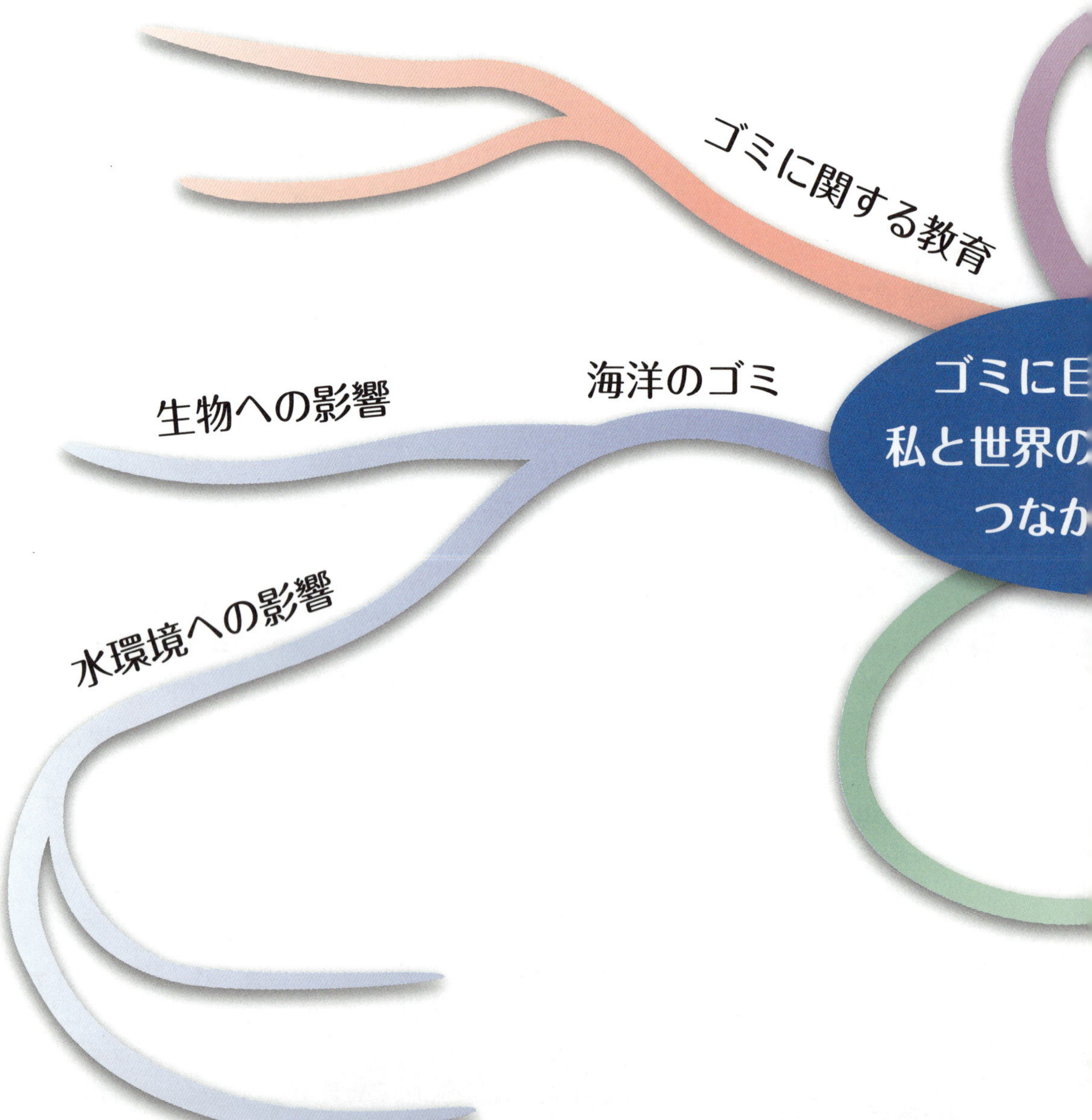

あなたが知っていること、なかまが知っていることをどんどんつなげて！

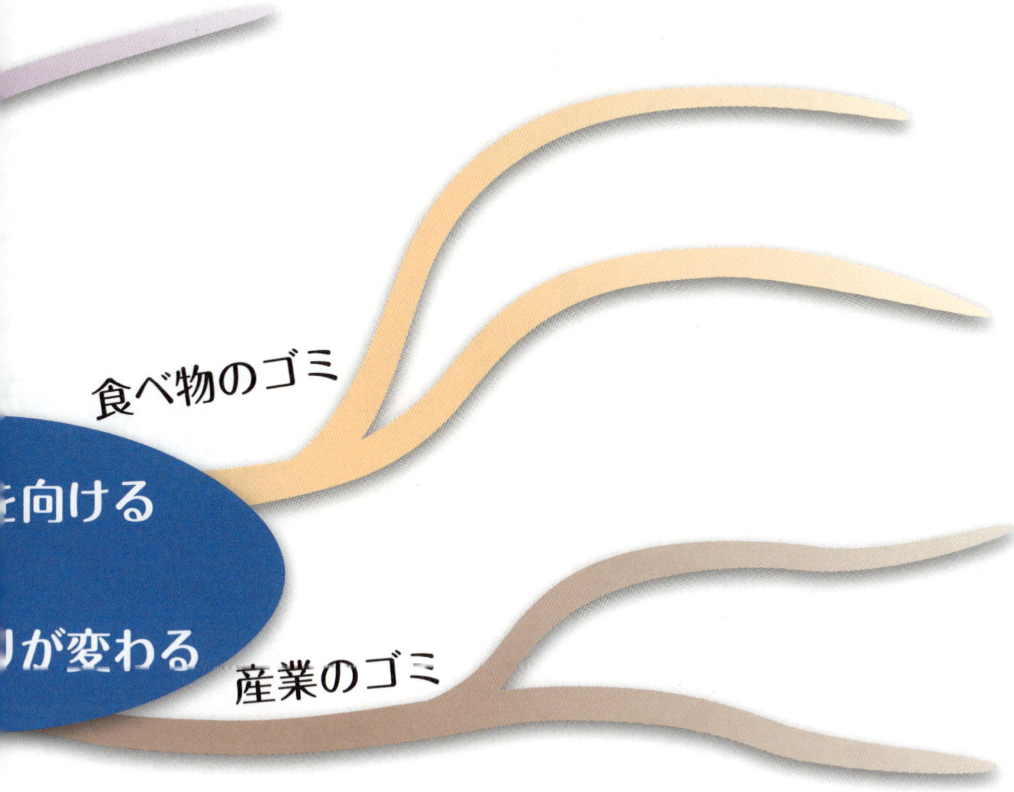

マップをかいたら、つながっている17のゴールの番号もかき入れてみてね。

視点《してん》を広げよう・視点《してん》を重ねよう

「ゴミ」に目を向け、視点《してん》を広げたり重ねたりする手がかりのいくつかが書かれています。

あなたが知っていることがらと結《むす》び付《つ》けて、世界を変《か》えるために行動していきましょう。

《食べもの編《へん》》

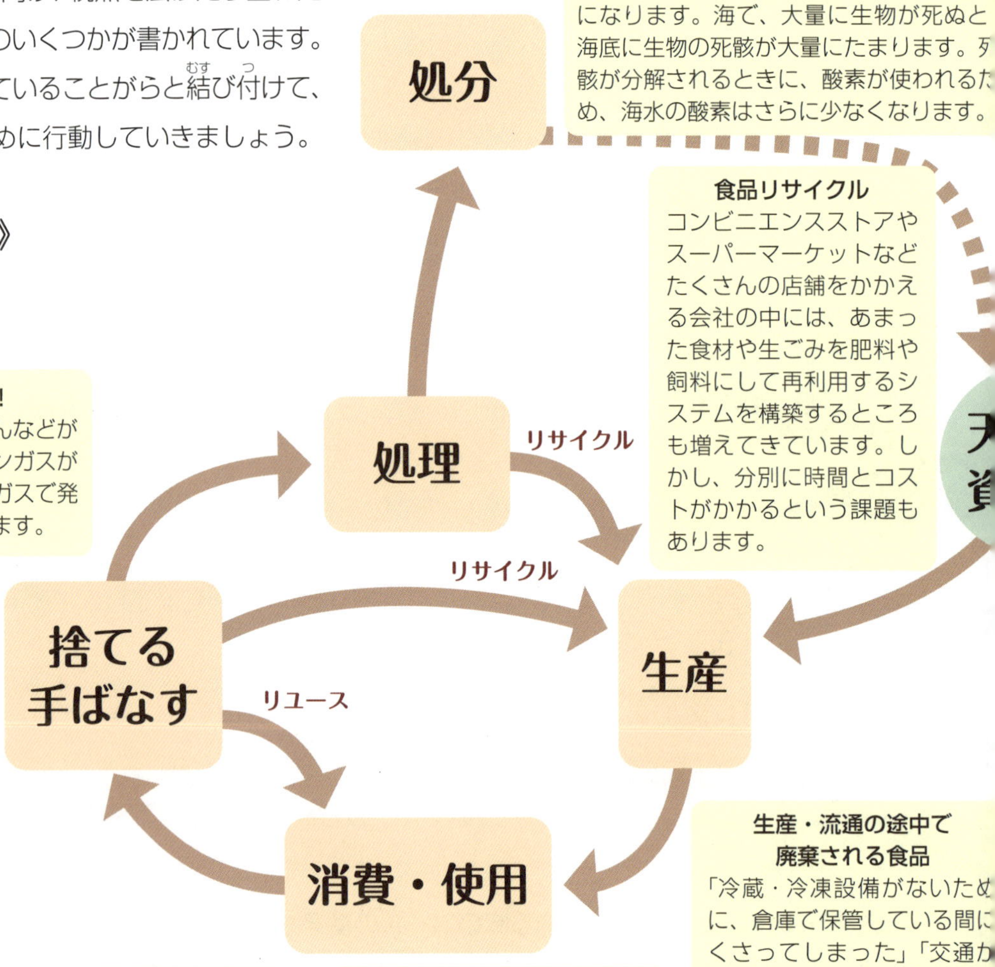

肥料が増えると酸素が減る？
植物プランクトンの肥料となる物質が大量に海に流れ込むと、植物プランクトンが大量に発生して、水中の酸素が不足するため水中で生活している生物が大量に死ぬことになります。海で、大量に生物が死ぬと海底に生物の死骸が大量にたまります。死骸が分解されるときに、酸素が使われるため、海水の酸素はさらに少なくなります。

食品リサイクル
コンビニエンスストアやスーパーマーケットなどたくさんの店舗をかかえる会社の中には、あまった食材や生ごみを肥料や飼料にして再利用するシステムを構築するところも増えてきています。しかし、分別に時間とコストがかかるという課題もあります。

ふんで発電！
食べ物や動物のふんなどがくさるとき、メタンガスが発生します。そのガスで発電することもできます。

プランクトンの栄養
食べ物の残りを下水に流すと、植物プランクトンにとって肥料となる物質が、大量に川や海に流れ込みます。

生産・流通の途中で廃棄される食品
「冷蔵・冷凍設備がないために、倉庫で保管している間にくさってしまった」「交通が整備されていないために、運ぶのに時間がかかりすぎていたんでしまった」などの理由で食品を廃棄しているのは、おもに開発途上国です。

消費の段階で廃棄される食べ物
「食べきれなかった」「買いすぎて冷蔵庫の中でくさらせてしまった」「たくさんつくったけれど売れなかった」などの理由で廃棄しているのは、おもに先進国です。

過剰除去
だいこんやにんじんの皮を厚くむきすぎたり、肉の脂身や皮を食べずにすててしまったり。これも食品廃棄が増える大きな要因の１つです。

注文がなかったら
飲食店でもっとも多い食品廃棄は、お客さんが食べ残した料理です。食べ残しは分別処理してリサイクルするにも手間がかかり、多くが廃棄されてしまいます。また、メニューにのせている以上、いつ注文されてもいいように準備をしておかなくてはなりません。けれど、注文がなかったら……。

量り売り・ばら売り
グラム単位でお肉が買えたり、たまねぎやじゃがいもが１個単位で買えたり。これも食品廃棄を減らす工夫のひとつだというけれど、なぜかな？

《プラスチック編《へん》》

プラスチックからつくられる製品

プラスチック製品は、

- ペットボトルとして飲料の容器になる。
- 食品などを包む透明な包装紙になる。
- 照明器具の部品になる。
- 接着剤になる。
- 自動車の部品になる。
- 0.5mm以下の小さな粒にして、洗顔料や歯磨き粉に混ぜて、汚れを落としやすくするマイクロビーズになる。

など、種類によって使い方もさまざまです。

石油からつくられるプラスチック

石油からは、さまざまな種類のプラスチック製品が作られます。あなたの知っているプラスチック製品にはどんなものがあるでしょうか。

部品はまだ走れる！

故障するなどして走れなくなった自動車でも、使える部品は取り外し、まだ走っている車の部品としてそのまま使われることがあります。世界の自動車メーカーには、リユースやリサイクルを前提に、解体しやすい車両を設計しているところも増えています。

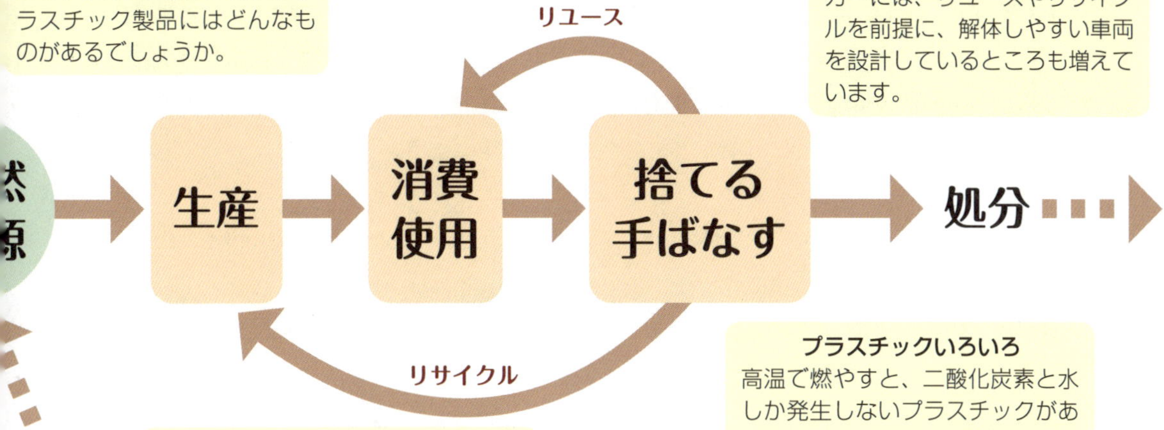

プラスチックいろいろ

高温で燃やすと、二酸化炭素と水しか発生しないプラスチックがある一方、塩化水素などが発生するプラスチックもあります。

フリースはプラスチックから

ペットボトルなどに使われるある種類のプラスチック製品は、リサイクルすることでフリースなどの衣類の原料に変化させることができます。

プラスチックは分解しない

プラスチックでできたものの多くは、自然環境の中に置かれても、生ゴミや紙ゴミのようには分解しません。長い時間、そのままの形で環境の中に残り続けるのです。

海洋ごみと生物

海に流されたプラスチックゴミを誤飲した、海鳥や海ガメ、イルカなどが毎年たくさん死んでいます。生物の中には、ゴミとエサの区別ができずに、たとえばプラスチックの破片やレジ袋などを飲みこんでしまうものもいるのです。こうした誤飲・誤食をくり返すと、ゴミが胃袋を傷つけたり、胃などにたまり続けてエサを食べることができなくなったりして、生きることができなくなります。

マイクロビーズがおよぼす影響

一部の洗顔料や歯磨き粉などにふくまれているマイクロビーズはプラスチック製品です。マイクロビーズは下水処理場などのフィルターを通り抜けて、川や海など、自然界に広がっていきます。表面には、化学物質を吸収する性質があり、えさといっしょに魚の体内に取り入れられることがあります。

マイクロビーズは魚の体内に取り入れられると、排出されることはありません。

Development（ディベロップメント）の意味に着目していこう。

―Sustainable Development（サステナブル　ディベロップメント）という言葉を掘《ほ》り下げる！―

ある私学《しがく》の校長先生と、SDGsを子ども達《たち》にわかりやすい言葉で伝《つた》えるための話し合いをしていたときのことです。「もし、子ども達《たち》のために伝《つた》えるとするならば英語《えいご》だけじゃなく、フランス語の原文も見てみたいわ。いくつかの言葉で見ることで、何を伝《つた》えたいのかがわかりやすくなることもあるから。」と校長先生が言いました。

翻訳《ほんやく》をするということは、ある言語で表現《ひょうげん》されている文を、他の言語に直して表現《ひょうげん》することです。ですから、同じ文でも訳《やく》す人によってさまざまな表現《ひょうげん》を用いることになるのです。日本では現在《げんざい》、Sustainable Developmentは「持続可能《じぞくかのう》な開発」と翻訳《ほんやく》されています。

このコラムでは、ディベロップメントという言葉を探《さぐ》っていきましょう。

17のゴール・169のターゲットからなる持続可能《じぞくかのう》な開発目標《もくひょう》（Sustainable Development Goals：SDGs）は、オリジナルの文章が英語《えいご》で作られ、国連《こくれん》が使っている他の５つの公用語に翻訳《ほんやく》されています。（国連《こくれん》が使っている公用語は、中国語・英語《えいご》・フランス語・ロシア語・スペイン語・アラビア語です）

オリジナルである英語《えいご》の「Development」が持っている意味を複数《ふくすう》の辞書《じしょ》で調べてみると、次のようないくつかの意味をもっていることがわかりました。

- 生物の発達《はったつ》や成長《せいちょう》
- 事業などの発展《はってん》
- 発達《はったつ》した状態《じょうたい》
- 土地や住宅《じゅうたく》の開発、改造《かいぞう》
- 製図《せいず》における展開図《てんかいず》
- 身体の発育
- 事態《じたい》の進展《しんてん》
- 発展《はってん》の所産《しょさん》
- 写真の現像《げんぞう》
- ソフトウェアの開発・製造《せいぞう》

ディベロップメントという言葉に着目すれば、日本政府《せいふ》が訳《やく》した「持続可能《じぞくかのう》な“開発”」は、「持続可《じぞくか》能《のう》な“発展《はってん》”」や「持続可能《じぞくかのう》な“発達《はったつ》”」とも言うことができたのですね。2000年に採択《さいたく》されたMDGsでは、主に途上国《とじょうこく》に焦点《しょうてん》が当てられた８つの目標《もくひょう》が立てられました。そのときには、ディベロップメントを「開発」という言葉にすることで伝《つた》わることが多くあったでしょう。SDGsでは、途上国《とじょうこく》にも先進国にも焦点《しょうてん》が当たっています。途上国《とじょうこく》におけるディベロップメントと、先進国におけるディベロップメントは同じなのでしょうか。それともちがうのでしょうか。また、国ごとに背負《せお》っている文化が異《こと》なる中で採択《さいたく》されたSDGsは、公用語である６つの言語で読んだときに解釈《かいしゃく》に違《ちが》いが出てくるのでしょうか。

国ごとにSDGsがどのように展開《てんかい》されていくのか、その展開《てんかい》を日本語にするときにはどのような言葉がふさわしいのか、2030年までの動きを見ながら探《さぐ》っていってはどうでしょう。

17のゴールを使って身のまわりの出来事を探《さぐ》っていこう②　買う

買い物をすると、誰《だれ》とつながる？

「買う」ことで、消費者《しょうひしゃ》である“私《わたし》”はだれかとの結《むす》び付《つ》きをつくっている。

たとえば、コンビニエンスストアで買い物をしている“私《わたし》”に目を向けてみよう。

どんな人との結《むす》びつきをつくっているかな？　どこまで広げられる？　自分の事だと思える範《はん》囲《い》はどこまでかな？

- □使用済の天ぷら油を回収している人
- □大工さん
- □空港で働く人
- □田舎の農家の人
- □サウジアラビアの大金持ち
- □トラックの運転手さん
- □世界各国の大統領や首相たち
- □コンビニエンスストアのCMに出演している役者
- □貿易会社で働く人
- □お父さん
- □牧場から牛乳を回収する人
- □群馬県の牧場主
- □フィリピンに住んでいる少女
- □ベトナムのエビの養殖場で働く人
- □お母さん
- □沖縄の漁師さん
- □コンビニエンスストアのお弁当をつくる工場で働く人
- □青森の漁師さん
- □オーストラリアの石炭採掘所で石炭を掘っている人
- □学校の先生
- □港湾関係者
- □造船に携わっている人
- □コンビニチェーンの会社を経営している社長
- □コンビニエンスストアでレジ打ちのアルバイトをしている人
- □プラスチック容器を作っている工場で働く人
- □ゴミ回収業者
- □テレビコマーシャルを作っている人
- □農学研究者
- □石油コンビナートで働く人
- □新聞記者

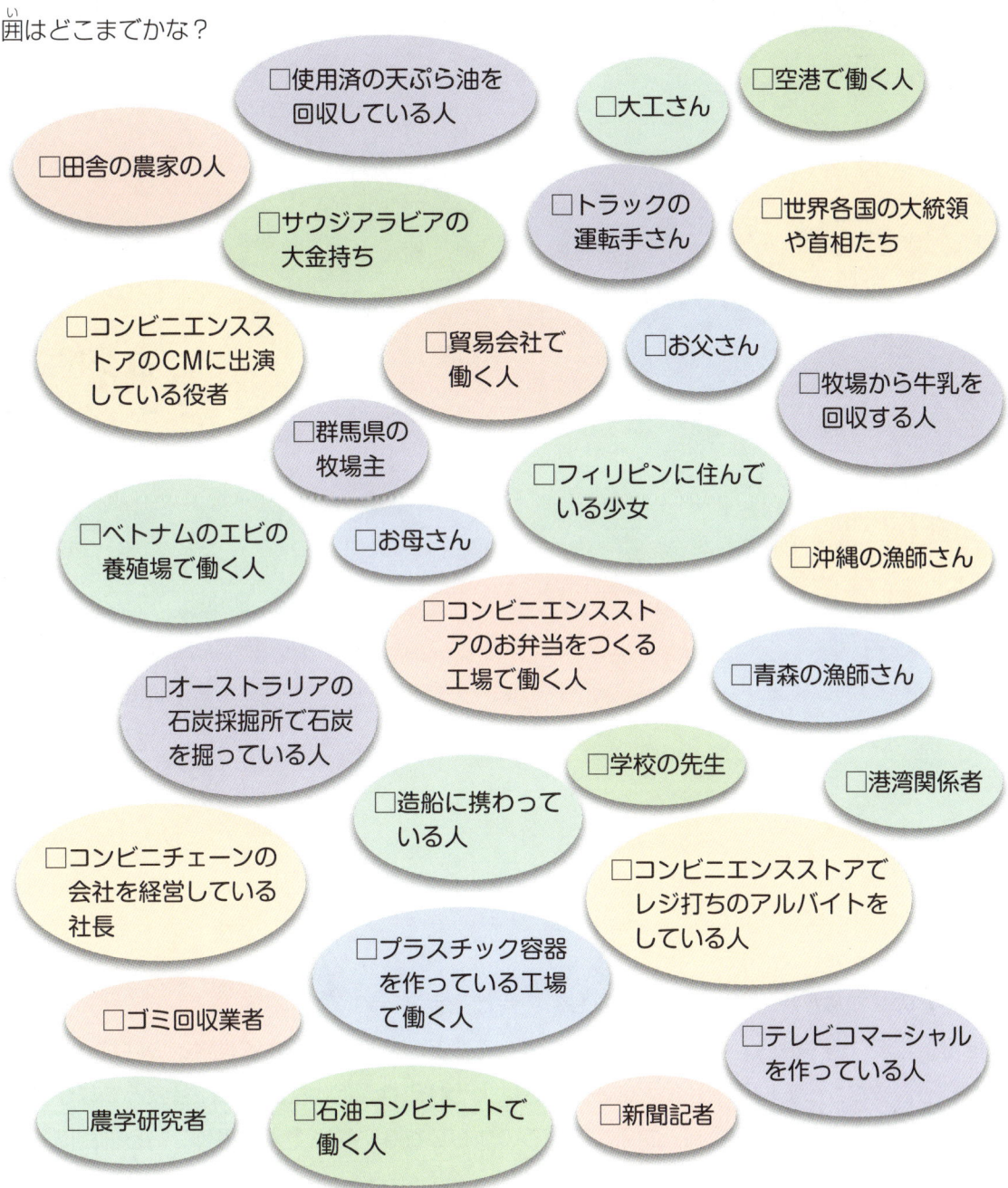

マップにしてつなげていこう！

コンビニエンス
ストアで
買い物をする

自分との“つながり”をつくっているもの、何だろう？

お金、電波、情報《じょうほう》、人、物…あなたは何によって、どのくらいの広さで世界とつながっているんだろう。つながっている社会の大きさ、広さは人それぞれ。近代社会では、社会とつながる広さや深さは、その人が担《にな》う役割《やくわり》と関係《かんけい》しているのかもしれないね。１人が担《にな》っている役割《やくわり》にも目を向けていこう。

あなたがつながっていると思う人、なかまがつながっていると思った人をマップでつなげていこう。

すべての人がSDGsを推進《すいしん》するアクティブメンバー。マップをかいたら、その人とつながっている17のゴールにはどんなものがあるのかも書き入れてみてね。あなたは、その人と一緒《いっしょ》にどんな未来《みらい》を創《つく》る？　17のゴールはどのようにつながっている？

“私”と世界のつながり

あなた自身は自分がどんな役割《やくわり》を担《にな》っていると思う？

両親の“子ども”、弟や妹の“お兄さん、お姉さん”、小学校に通う“児童《じどう》”、サッカーチームの“キャプテン”、コンビニエンスストアの“お客さん”、雑誌《ざっし》の“読者”、スマホの“利用者《りようしゃ》”、電車の“乗客”……あなたの担《にな》っている役割《やくわり》、まだまだいっぱいありそうだね。

視点《してん》を広げよう・視点《してん》を重ねよう

「買う」という行動に目を向けて、視点《してん》を広げたり重ねたりする手がかりのいくつかが書かれています。あなたが知っていることがらと結《むす》び付《つ》けて、世界を変《か》えるために行動していきましょう。

字を書くために、何を買う？

えんぴつだよ！
シャープペンシルに使っているプラスチックは土に埋めても分解されないけれど、えんぴつは分解されて他の生き物が生活するのに役に立つよ。

シャープペンシルでしょ！
えんぴつの材料になる木材を伐採すると、自然破壊になるよ。シャープペンシルは芯だけ交換すれば長く使えて、新しい材料は使わないので環境を大切にしていると思う。

筆と墨じゃないかな。
筆は墨があれば繰り返し使えるよ。筆先には馬の毛、熊の毛など自然の素材が使われていることもあるよ。墨には固形のタイプと液体タイプ（墨汁）があるんだ。固形の墨をすると心が落ち着く、という人もいるよね。

買い物の持ち運び、何を使う？

エコバッグでしょ！
エコバッグは、くり返し使えるから資源を無駄使いしないよ。自分の好きなデザインを使うことができるから、おしゃれも楽しめるよ。また、入る量を考えて買うから、余分な買い物をしなくなるよ。

レジ袋だよ！
レジ袋は、石油からゴムやプラスチックをつくった残りの成分からつくられている。残りの成分は、以前は燃やしていたんだけれど、技術が進歩して利用できるようになったんだよ。

段ボール箱じゃないかな。
品物が運ばれてきたときに入っていた空き箱があるよね。その箱を自由に使えるように置いてあるお店があるよ。段ボールを再利用して、家に持ち帰るときに使うといいんじゃないかな。

書かれていることがら以外《いがい》にも、どれを使うのかを考える手がかりはたくさんありそうだね。

毎日食べる野菜、何を買う？

農薬を使っている野菜だよ！
農薬を使っていると、虫がいないきれいな野菜が多いよ。それに、厚生労働省が残留農薬基準値を定めていて、人体には害がないんだって。減農薬といって、少ない農薬でつくっている野菜もあるよ。

有機野菜でしょ！
化学的に合成された肥料や農薬を避けて作られているから、体に害がないよ。形はふぞろいだけど、おいしいよ。有機農産物についてのガイドラインは、1992年に農林水産省が制定したよ。

野菜なんて食べなくても大丈夫でしょ‼
野菜を食べなくちゃいけないのはなぜ？　無理に食べなくてもいいんじゃないかな。今はいろんな食べ物があって、サプリメントでビタミンや食物繊維を取ることだってできるでしょ。野菜の中にふくまれているものと同じ成分のサプリメントを飲むよ。

移動手段どれを使う？

ガソリン車でしょ！
昔と比べると、同じ量の燃料で移動できる距離がとても伸びたよ。また、最新の技術を使って排気ガスに含まれている有害物質を除外しているから、環境にもやさしいよ。

電気自動車だよ！
二酸化炭素を排出しないよ。車に積んでいるバッテリーは、家で使う電力としても使用することができるんだ。自由度のあるデザインが可能だから、おしゃれだよ。

電車やバスのような公共交通機関を使うよ。
多くの人が電車やバスを利用することで、一人ひとりが使うエネルギーが少なくなるよね。バイオマスエネルギーを使った公共交通機関を動かしている地域もあるよ。結果的に環境に配慮した行動につながるんじゃないかな。

友達《ともだち》の考えや、あなたの考えを書き込《こ》みながら、「買う」ということをふり返ろう。

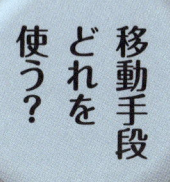

我々《われわれ》の世界を変革《へんかく》する：持続可能《じぞくかのう》な開発のための2030アジェンダ

～地球の未来《みらい》をつくる文書～

「アジェンダ（agenda）」は、「予定表」を意味する英語です。日本語でこの言葉が用いられる場合は、国際的に取り組むべき「検討課題」や、政府や官公庁などで公式に実施すべき「行動計画」などをさすことが多くあります。

●SDGsが動き出す背景《はいけい》

国際連合創設《こくさいれんごうそうせつ》70周年《しゅうねん》を迎《むか》えた2015年、193の加盟国《かめいこく》が地球の未来《みらい》を創《つく》る一つの文書を全会一致《いっち》で採択《さいたく》しました。それが「我々《われわれ》の世界を変革《へんかく》する：持続可能《じぞくかのう》な開発のための2030アジェンダ」です。そして2030アジェンダは、17の目標《もくひょう》と169のターゲットからなる「持続《じぞく》可能《かのう》な開発目標《もくひょう》(SDGs)」をかかげました。

2015年９月25日から27日まで、アメリカのニューヨークにある国《こく》際連合《さいれんごう》本部において、「国連持続可能《こくれんじぞくかのう》な開発サミット」が開催《かいさい》されました。150を超《こ》える国連加盟国首脳《こくれんかめいこくしゅのう》の参加《さんか》のもとで採択《さいたく》された「我々《われわれ》の世界を変革《へんかく》する：持続可能《じぞくかのう》な開発のための2030アジェンダ」は、地球に住む私《わたし》たちが、持続不可能《じぞくふかのう》な今の世界を、持続可能《じぞくかのう》な世界にするために、2016年から2030年までに取り組む検討課題《けんとうかだい》であり、行動計画です。文書の前文には、このことがとてもシンプルな一文で表現《ひょうげん》されています。

「このアジェンダは、人間、地球及《およ》び繁栄《はんえい》のための行動計画である。」

そして、続《つづ》くもう一文「これはまた、より大きな自由における普《ふ》遍的《へんてき》な平和の強化を追求《ついきゅう》するものでもある。」を加《くわ》えることで、さらにその決意をあらわしているといえます。この他にも前文の随所《ずいしょ》にアジェンダに示《しめ》された目標《もくひょう》への思いの強さをみることができます。なぜ2015年に「持続可能《じぞくかのう》な開発サミット」が開かれ、「我々《われわれ》の世界を変革《へんかく》する：持続可能《じぞくかのう》な開発のための2030アジェンダ」が発せられたのでしょうか？

その誕生《たんじょう》につながる流れをふり返ってみることにします。

たとえば、「絶対的貧困や飢餓を終わらせる」、「あらゆる形態の女性・女児への差別を終わらせる」、「あらゆる形態の子どもに対する暴力を終わらせる」という「ゼロ目標（ゼロを目指す目標)」を掲げていることがあげられます。また、「"No one will be left behind"（誰一人取り残さない)」は、「我々の世界を変革する：持続可能な開発のための2030アジェンダ」が掲げる代表的なかけ声の一つとなっています。

●SDGs誕生《たんじょう》の流れ　～MDGsからSDGsへ～

「持続可能《じぞくかのう》な開発サミット」が開催《かいさい》された2015年は、2001年からの15年間で達成《たっせい》することが宣言《せんげん》された「ミレニアム開発目標《もくひょう》（MDGs）」の節目《ふしめ》にあたる年でした。

新しいミレニアムの始まりを目前にした2000年９月、147の国家元首をふくむ189の国際連合加盟国《こくさいれんごうかめいこく》代表が、アメリカのニューヨークにある国際連合《こくさいれんごう》本部に集《つど》い、21世紀《せいき》の国際《こくさい》社会の目標《もくひょう》として「国連《こくれん》ミレニアム宣言《せんげん》」を採択《さいたく》しました。この宣言《せんげん》は、平和と安全、開発と貧困《ひんこん》、環境《かんきょう》、人権《じんけん》とグッドガバナンス（良《よ》い統治《とうち》）、アフリカの特別《とくべつ》なニーズなどを課題《かだい》としてかかげ、21世紀《せいき》の国連《こくれん》の役割《やくわり》に関《かん》する明確《めいかく》な方向性《ほうこうせい》を示《しめ》すものでした。

さらにこの会議《かいぎ》では、「国連《こくれん》ミレニアム宣言《せんげん》」と、1990年代に開催《かいさい》された主要《しゅよう》な国際会議《こくさいかいぎ》で採択《さいたく》された国際《こくさい》開発目標《もくひょう》を統合《とうごう》する試《こころ》みもなされました。そして、それらが一つの共通《きょうつう》の枠組《わくぐ》みとしてまとめられました。これが「ミレニアム開発目標《もくひょう》（MDGs）」です。８つの目標《もくひょう》がかかげられ、2015年までに達成《たっせい》することが宣言《せんげん》されました。

そして、2015年を迎《むか》え、一定の成果《せいか》はあったもののまだまだ課題《かだい》が多く残《のこ》る結果《けっか》となり、2015年以降《いこう》の新たな開発課題《かだい》が注目を集めるようになりました。

そうした中、当時、国際連合事務総長《こくさいれんごうじむそうちょう》であったパン・ギムン氏《し》は2012年に「ポスト2015開発アジェンダに関《かん》するハイレベルパネル」を設置《せっち》しました。そして、当時の首脳であったインドネシアのユドヨノ大統領《だいとうりょう》、リベリアのサーリーフ大統領《だいとうりょう》、イギリスのキャメロン首相が共同議長《きょうどうぎちょう》を務《つと》め、世界各国《かっこく》の政界《せいかい》・財界《ざいかい》・学界から力のある人を委員に任命《にんめい》して議論《ぎろん》が重ねられました。その成果《せいか》は2013年５月に、「事務総長報告書《じむそうちょうほうこくしょ》」としてまとめあげられました。

ミレニアムとは、キリスト教でいうところの千年紀のことです。１番目の千年紀は１世紀から10世紀、次の千年紀は11世紀から20世紀となります。日本では1999年頃に関心が集まった言葉です。

西暦2001年を迎えるにあたり、次の千年紀（21世紀から30世紀）がいかなるものになるか？　また、いかなる世界にしていくか？　ということが話題になりました。20世紀までの千年紀の世界は、国家というモノが敵味方に分かれ、互いにその覇権を争ったり、経済においては先進国と開発途上国という風に分かれ、経済格差の拡大をつくったりした時代でした。そうした中で、次の千年紀への期待が高まっていたのかもしれません。戦争よりも平和、経済よりも共生というスローガンが生まれた時代でもありました。

教育や母子保健など特定の分野で多く残る課題やアフリカや南アジア等での達成の遅れが出てしまいました。またグローバル化が進展する中で、国内格差の拡大や持続可能な開発の必要性が環境分野で主張されるようになりました。

この動きと呼応《こおう》するかのように、2012年の「国連持続可能《こくれんじぞくかのう》な開発会議《かいぎ》(リオ+20)」では、人間を中心とした「持続可能《じぞくかのう》な開発」の重《じゅう》要性《ようせい》をふまえた「持続可能《じぞくかのう》な開発目標《もくひょう》(SDGs)」を、2015年以降《いこう》の国連《こくれん》の開発アジェンダと統合《とうごう》する形で制定《せいてい》することが確認《かくにん》されました。そして、その策定《さくてい》のための政府《せいふ》間交渉《こうしょう》プロセスがスタートし、17の目標《もくひょう》、169のターゲットを持つ「持続可能《じぞくかのう》な開発目標《もくひょう》(SDGs)」にまとめられました。

政府間交渉は、「オープン・ワーキング・グループ(OWG)」という枠組みで、市民社会など、政府以外のセクターにもオープンな形で2014年７月まで進められました。

また、「持続可能《じぞくかのう》な開発目標《もくひょう》(SDGs)」実施《じっし》のための資金《しきん》面について話し合うために、「持続可能《じぞくかのう》な開発のための資金《しきん》に関《かん》する政府《せいふ》間専門家《せんもんか》委員会」が設置《せっち》されました。

これらの動きは、2014年12月に「国連事務総長統合報告書《こくれんじむそうちょうとうごうほうこくしょ》」としてまとめられ、これに基《もと》づいて、2015年１月から７月までの政府《せいふ》間交渉《こうしょう》の末《すえ》、合意文書として、「我々《われわれ》の世界を変革《へんかく》する：SDGsに関《かん》する2030アジェンダ」が策定《さくてい》されました。そして、2015年の９月に「国連持続可能《こくれんじぞくかのう》な開発サミット」において採択《さいたく》されたのです。

人類《じんるい》の歴史《れきし》をふり返ると、第一千年紀は成長《せいちょう》と発展《はってん》の時代でした。地球上にいくつもの文明が生まれ滅亡《めつぼう》しながらも、たくさんの知を発見し続《つづ》けてきました。そしてそれらが科学革命《かくめい》をもたらし、産業《さんぎょう》革命《かくめい》へとつながり、気がつけば暮《く》らしていくためには、地球が一つでは足りないというところにまで行き着きました。

１番目の千年紀のことを第一千年紀とよぶことがあります。このよび方にならうと、西暦１年から1000年までが第一千年紀、1001年から2000年までが第二千年紀、2001年から3000年までが第三千年紀です。

英国《えいこく》の飢餓救済団体《きがきゅうさいだんたい》「オックスファム・インターナショナル」の出した報告書《ほうこくしょ》では、「世界人口の１%を占《し》める富裕層《ふゆうそう》が所有する富《とみ》を全て合わせたものは、このまま行くと、2016年には世界の残《のこ》りの人々が所有する富《とみ》の合計よりも多くなる」という見解《けんかい》が示《しめ》されました。その一方で、何億《おく》もの人が１日1.25ドル未満《みまん》で生活することを余儀《よぎ》なくされているという報告《ほうこく》もされています。

人類《じんるい》が第一千年紀に生み出した悲劇《ひげき》と危機《きき》を、第二千年紀においていかに向き合い、つき合いながら、第三千年紀という未来《みらい》をつくっていくか、その為《ため》の第一歩が、人類《じんるい》がはじめてつくった共通《きょうつう》の目標《もくひょう》「持続可能《じぞくかのう》な開発目標《もくひょう》(SDGs)」であると言うことができるかもしれません。

持続可能《じぞくかのう》な開発(SD)と持続可能《じぞくかのう》な開発のための教育(ESD)年表

	「地球環境問題」の動き	「持続可能な開発のための教育」の動き
1972	ローマクラブが**『成長の限界』**発表	
	国連人間環境会議開催（ストックホルム）「人間環境宣言」採択、国連環境計画(UNEP)が設立	
1980	国連環境計画(UNEP)・国際自然保護連合(IUCN)・世界自然保護基金(WWF)が提出した「世界自然保全戦略」で、**「持続可能な開発」**の概念が初めて示される	
1987	オゾン層破壊物質に関するモントリオール議定書を採択	環境と開発に関する国際連合会議で、議長を務めたグロ・ハーレム・ブルントラントによって「持続可能な開発(Sustainable Development)」という表現が用いられ、この概念が広く理解される
	ブルントラント委員会が「持続可能な開発」を提言	
1992	**国連環境開発会議(地球サミット)開催　(リオデジャネイロ)**	
	リオ宣言・アジェンダ21・生物多様性条約・気候変動枠組み条約を採択	「持続可能な開発」の実現に向けた話し合いがもたれ、国際的行動指針「アジェンダ21」に、教育の重要性が盛り込まれる
2000	バイオセーフティに関するカルタヘナ議定書を採択	国連ミレニアム・サミットで、「国連ミレニアム宣言」を採択。また、1990年代に開催された主要な国際会議やサミットで採択された国際開発目標を統合し、ひとつの共通の枠組みとして**「ミレニアム開発目標(Millennium Development Goals: MDGs)」**がまとめられる
2002	**持続可能な開発に関する世界首脳会議(環境開発サミット)開催　(ヨハネスブルグ)**	
	環境開発サミットで日本政府およびNGOが**「持続可能な開発のための教育」(ESD)**を提唱	
2002	第57回国連総会本会議で、2005年から2014年までの10年間を「国連持続可能な開発のための教育の10年(UNDESD、国連ESDの10年)」とすることを採択。ユネスコがESDの主導機関に指名される	
2003	ヨーロッパで記録的な熱波	ユネスコが「ESDの10年国際実施計画2005～2014」の草案を発表
	イラク戦争　劣化ウラン弾が使用される	
2004	環境活動家ワンガリ・マータイ　ノーベル平和賞受賞	**「持続可能な開発のための教育の10年」**を採択
2005	京都議定書発効(2008年～2012年までが第一約束期間)	「国連持続可能な開発のための教育(ESD)世界会議」を開催、「ボン宣言」を採択
2012	**国連持続可能な開発会議(リオ＋20)開催　(リオデジャネイロ)**	
	「我々の求める未来」を採択	宣言文の中で、2014年以降もESDを推進することが盛り込まれる
2013	フィリピンが台風で大きな被害を受ける	第37回ユネスコ総会において、「国連持続可能な開発のための教育の10年」(2005～2014年)の後継プログラムとして「ESDに関するグローバル・アクション・プログラム(GAP)」を採択
	IPCCが第５次報告書 第１作業部会報告書を発表	
2014	IUCNがニホンウナギ、太平洋クロマグロを絶滅危惧種に指定	国連総会のオープン・ワーキング・グループがミレニアム開発目標(MDGs)を引き継ぐものとして「持続可能な開発目標」(SDGs)を提案
	IPCCが第５次報告書 第２・３作業部会報告書を発表	「持続可能な開発のための教育(ESD)に関するユネスコ会議」に関する会合が、岡山県岡山市および愛知県名古屋市で開催
2015	“スーパー台風”がバヌアツを直撃	国連サミットにおいて「持続可能な開発のための2030アジェンダ」を採択
	COP21開催　パリ協定を採択	
2016	2016年１月１日、**「持続可能な開発目標(SDGs)」**が正式に発効	

SDGsを採択《さいたく》した国際連合《こくさいれんごう》って、どんな組織《そしき》？

～時代とともに変《か》わる、国際連合《こくさいれんごう》の役割《やくわり》～

国際連合《こくさいれんごう》は、2015年に創設《そうせつ》から70周年《しゅうねん》という節目《ふしめ》の年を迎《むか》えました。その節目《ふしめ》の年に、加盟国《かめいこく》全会一致《いっち》で採択《さいたく》されたのが、この本のテーマでもあるSDGs(持続可能《じぞくかのう》な開発目標《もくひょう》)です。このような活動をしている国際連合《こくさいれんごう》とはどのような組織《そしき》なのでしょうか。ここでは、国際連合《こくさいれんごう》の創設《そうせつ》から現在《げんざい》までの歩みや、時代とともに変化《へんか》する国際連合《こくさいれんごう》の役割《やくわり》に目を向けていきましょう。

このように、国際協力や国際平和をめざしてつくられた組織は、国際連合がはじめてではありません。しかし、さまざまな課題や世の中の変化をのりこえて70年もの間、存続しているのは、国際連合だけです。実際、第一次世界大戦後の1920年につくられた国際連盟は、わずか20年でその使命を終えました。

●第二次世界大戦《せかいたいせん》の戦勝国《せんしょうこく》を中心につくられた国際連合《こくさいれんごう》

国際連合《こくさいれんごう》は、第二次世界大戦《せかいたいせん》の終わりとともに、「国際《こくさい》の平和と安全を維持《いじ》すること」を目的《もくてき》の一つとして1945年に創設《そうせつ》されました。

国際連合《こくさいれんごう》は英語《えいご》でUnited Nationsといいます。United Nationsという名称《めいしょう》は1942年、26か国の政府《せいふ》代表が枢軸国《すうじくこく》(ドイツ・イタリア・日本など)に対して共《とも》に戦《たたか》うと誓《ちか》った「連合国宣言《れんごうこくせんげん》(Declaration by United Nations)」の中で、はじめて使われた名称《めいしょう》です。ですから、国際連合《こくさいれんごう》とは、連合国《れんごうこく》のことであり、第二次世界大戦《せかいたいせん》の戦勝国《せんしょうこく》のことなのです。

連合国《れんごうこく》の中でも中心的存在《てきそんざい》だったのが、アメリカ・イギリス・フランス・ソビエト連邦《れんぽう》・中国の５か国です。1944年に、アメリカ・イギリス・ソビエト連邦《れんぽう》・中国の４か国の代表が、ワシントン郊外《こうがい》のダンバートン・オークスに集まって話し合い、続《つづ》く1945年４月から６月にかけて50か国の代表がサンフランシスコに集まりました。そして「戦争《せんそう》の惨禍《さんか》」を終わらせるという決意のもと、国際連合憲章《こくさいれんごうけんしょう》が起草され、６月26日に署名《しょめい》されたのです。日本がポツダム宣言《せんげん》を受け入れる１か月以上《いじょう》も前のことです。

世界の平和に対する歴史的誓約を記念して、毎年10月24日は「国連デー」を祝う行事が各国で行われます。

1945年10月24日、国際連合《こくさいれんごう》は原加盟国《かめいこく》51か国でスタートしました。そして、国際連合《こくさいれんごう》の設立目的《せつりつもくてき》である「国際《こくさい》の平和と安全の維持《いじ》」にもっとも重要《じゅうよう》な役割《やくわり》を持つ安全保障《ほしょう》理事会の常任《じょうにん》理事国には、ダンバートン・オークス会議《かいぎ》によってアメリカ・イギリス・フランス・ソビエト連邦《れんぽう》・中国の５か国がつくことで一致《いっち》しました。

●国際連合《こくさいれんごう》の目的《もくてき》と安全保障《ほしょう》理事会常任《じょうにん》理事国の特別《とくべつ》な地位《ちい》

ここで、国際連合憲章《こくさいれんごうけんしょう》に定められた、国際連合《こくさいれんごう》の目的《もくてき》に目を向けます。

- 国際《こくさい》の平和と安全を維持《いじ》すること。
- 人民《じんみん》の同権《どうけん》および自決の原則《げんそく》の尊重《そんちょう》に基礎《きそ》をおいて、諸国《しょこく》間の友好関係《ゆうこうかんけい》を発展《はってん》させること。
- 経済的《けいざいてき》、社会的《てき》、文化的《てき》または人道的性質《じんどうてきせいしつ》を有する国際《こくさい》問題を解決《かいけつ》し、かつ人権及《じんけんおよ》び基本的《きほんてき》自由の尊重《そんちょう》を促進《そくしん》することについて協力《きょうりょく》すること。
- これらの共通《きょうつう》の目的《もくてき》を達成《たっせい》するにあたって諸国《しょこく》の行動を調和するための中心となること。

目標《もくひょう》の最初《さいしょ》に「国際《こくさい》の平和と安全の維持《いじ》」がかかげられています。国際連合《こくさいれんごう》という組織《そしき》が、国際《こくさい》平和をめざすためにできたことを考えれば、当然《とうぜん》のことともいえます。また、平和と安全の維持《いじ》に重要《じゅうよう》な役割《やくわり》を持つ安全保障《ほしょう》理事会の常任《じょうにん》理事国である５か国は国連創設《こくれんそうせつ》の中心となった戦勝国《せんしょうこく》なので、特《とく》に大きな力を持つようになったのも当然《とうぜん》の流れといえるでしょう。たとえば国連憲章《こくれんけんしょう》の改正《かいせい》は、総会《そうかい》を構成《こうせい》する国の３分の２の多数で採択《さいたく》した後、安全保障《ほしょう》理事会の５常任《じょうにん》理事国をふくむ加盟国《かめいこく》の３分の２が批准《ひじゅん》してはじめて可能《かのう》になります。また、５常任《じょうにん》理事国は、国連憲章《こくれんけんしょう》の改正以外《かいせいいがい》にも大きな力を持っています。安全保障《ほしょう》理事会の決議《けつぎ》における拒否権《きょひけん》の存在《そんざい》がその代表的《てき》な例《れい》です。

日本が、国際連合に加盟したのは、1956年です。第二次世界大戦で敗戦したあと、1951年にサンフランシスコ平和条約を結んで独立を回復し、その後ソ連との国交も回復したことで、ようやく加盟が実現しました。

安全保障理事会は、５常任理事国と、10の非常任理事国で構成されています。現在の国連が193か国で構成されていることを考えると、そのうちの15というのはごくわずかな数です。非常任理事国は選挙で選ばれ、任期は２年です。日本は2016年１月～2017年12月まで任期中で、非常任理事国に選ばれるのは11回目です。11回というのは、非常任理事国の中では過去最多です。

●拒否権《きょひけん》ってなんだろう？

安全保障《ほしょう》理事会は15の国で構成《こうせい》されていて、各《かく》理事国はそれぞれ１票《ぴょう》の投票権《とうひょうけん》を持っています。手続《てつづ》き的《てき》なことがらは、15か国のうち、９か国の賛成《さんせい》で決定されますが、その他すべてのことがらの決定には、５常任《じょうにん》理事国の同意投票《とうひょう》をふくむ９か国の賛成《さんせい》が必要《ひつよう》です。常任《じょうにん》理事国の反対投票《とうひょう》は、決議《けつぎ》を拒否《きょひ》する力を持っていることから「拒否権《きょひけん》」とよばれています。５常任《じょうにん》理事国のうちの１か国でも反対ならば、その決議《けつぎ》は否決《ひけつ》されるのですから、とても大きな力だといえます。そして、この５か国が拒否権《きょひけん》を持つことは、前述《ぜんじゅつ》の1944年に行われた話し合いで決定したことなのです。つまり、拒否権《きょひけん》なしには国際連合《こくさいれんごう》は創設《そうせつ》されなかったともいえるのです。

1944年、ダンバートン・オークス会議は２回開かれています。１回目はアメリカ・イギリス・ソ連、２回目はアメリカ・イギリス・中国が参加して行われました。国連憲章は、ダンバートン・オークス提案をもとに修正されたものです。拒否権についても、各国の提案内容に差はありましたが、この会議でおおむね意見が一致し、定められました。

●冷戦《れいせん》下の世界と拒否権《きょひけん》

拒否権の発動回数

ソ連・ロシア　127回
（ソ連120＋ロシア7）
アメリカ　83回
イギリス　32回
フランス　18回
中国　10回
（〜2008年）

ソ連（ロシア）の発動回数が最も多いことが読み取れます。なお、欠席を拒否権発動ととるかどうかの規定は、国連憲章には明記されていません。

第二次世界大戦《せかいたいせん》が終わり、国際《こくさい》の平和と安全のために国際連合《こくさいれんごう》が創設《そうせつ》されました。ところが終戦《しゅうせん》後すぐにアメリカとソ連《れん》が対立したことから、世界は冷戦《れいせん》下におかれることになりました。この冷戦《れいせん》時代、５常任《じょうにん》理事国は互《たが》いの提案《ていあん》に拒否権《きょひけん》を発動しあい、安全保障《ほしょう》理事会はほぼ何も決定できないような時期が続《つづ》きました。国連憲章《こくれんけんしょう》では、加盟国同士《かめいこくどうし》が戦争《せんそう》をはじめたとき、国際連合《こくさいれんごう》が軍事介入《ぐんじかいにゅう》をすることが認《みと》められています。しかし、冷戦《れいせん》時代に「国連軍《こくれんぐん》」が組織《そしき》されたのは、1950年にはじまった朝鮮戦争《ちょうせんせんそう》のときだけです。その決議《けつぎ》は、ソ連《れん》が欠席《けっせき》したために成立《せいりつ》したものでした。

●冷戦終結《れいせんしゅうけつ》後、国際連合《こくさいれんごう》に大きな期待がかけられるように

冷戦《れいせん》が1989年に終結《しゅうけつ》すると、国際連合《こくさいれんごう》には大きな期待がかけられるようになります。冷戦《れいせん》時代は、二大勢力《せいりょく》の対立とそれにともなう戦争《せんそう》が安全保障《ほしょう》上の大きな課題《かだい》でしたが、冷戦《れいせん》後はアフリカをはじめとする地域紛争《ちいきふんそう》や、各地《かくち》の宗教《しゅうきょう》や民族《みんぞく》の対立が大きな課題《かだい》となっています。さらに、安全保障《ほしょう》に加《くわ》えて、環境《かんきょう》・人口・人権《じんけん》など、国《こく》連《れん》が取り組むべき課題《かだい》は、以前《いぜん》よりも多様化し複雑《ふくざつ》になってきているのです。その中で、国際連合《こくさいれんごう》が期待通りの役割《やくわり》を果《は》たせているかといわれれば、まだまだ問題は山積《やまづ》みです。

●世界が直面する課題《かだい》とSDGs

今の世界は、気候変動《きこうへんどう》による自然災害《しぜんさいがい》の増加《ぞうか》や生態系《せいたいけい》の破壊《はかい》、国境《こっきょう》を越《こ》える感染症《かんせんしょう》の脅威《きょうい》、格差拡大《かくさかくだい》、貧困《ひんこん》に起因《きいん》するテロリズム、難《なん》民《みん》問題……とさまざまな課題《かだい》に直面しています。互《たが》いにからみあい複雑《ふくざつ》化する課題《かだい》に、世界が一丸となって取り組むために、国連加盟《こくれんかめい》国《こく》は、全会一致《いっち》でSDGsを採択《さいたく》しました。2000年に合意したMDGs（ミレニアム開発目標《もくひょう》）を通して得《え》たことと、積《つ》み残《のこ》したことの両方をふまえ、ようやくできた新しい目標《もくひょう》であるSDGs。このSDGsは、70周年《しゅうねん》を迎《むか》えた国連《こくれん》が新時代へとふみ出すきっかけとなるかもしれません。

国際連合《こくさいれんごう》の組織《そしき》図(資料)

総会

補助機関
- 主要委員会及びその他の会期委員会
- 軍縮委員会
- 人権理事会
- 国際法委員会
- 常設委員会及びアドホック組織

関連機関
- 包括的核実験禁止条約機関準備委員会(CTBTO-Prep Com)
- 国際原子力機関(IAEA)[1、3]
- 化学兵器禁止機関(OPCW)
- 世界貿易機関(WTO)[1、4]

計画と基金[1]
- 国連貿易開発会議(UNCTAD)
  - 国際貿易センター(ITC)
- 国連開発計画(UNDP)
  - 国連資本開発基金(UNCDF)
  - 国連ボランティア計画(UNV)
- 国連環境計画(UNEP)
- 国連人口基金(UNFPA)
- 国連人間居住計画(UN-HABITAT)
- 国連難民高等弁務官事務所(UNHCR)
- 国連児童基金(UNICEF)
- 国連薬物犯罪事務所(UNODC)
- 国連パレスチナ難民救済事業機関(UNRWA)[2]
- ジェンダー平等と女性のエンパワーメントのための国連機関(UN-Women)
- 国連世界食糧計画(WFP)

調査及び研修所
- 国連地域犯罪司法研究所(UNICRI)
- 国連軍縮研究所(UNIDIR)[2]
- 国連訓練調査研究所(UNITAR)
- 国連社会開発研究所(UNRISD)
- 国連システム・スタッフ・カレッジ(UNSSC)
- 国連大学(UNU)

その他の国連機関
- 国連エイズ合同計画(UNAIDS)
- 国連国際防災戦略事務局(UNISDR)
- 国連プロジェクトサービス機関(UNOPS)

安全保障理事会

補助機関
- テロ対策委員会
- ルワンダ国際刑事裁判所(ICTR)
- 旧ユーゴスラビア国際刑事裁判所(ICTY)
- 軍事参謀委員会
- 平和維持活動・政治ミッション
- 制裁委員会
- 常設委員会及びアドホック組織

諮問的補助機関
- 平和構築委員会

経済社会理事会

専門機関[1、5]
- 国際労働機関(ILO)
- 国連食糧農業機関(FAO)
- 国連教育科学文化機関(UNESCO)
- 世界保健機関(WHO)
- 世界銀行グループ(World Bank Group)
  - 国際復興開発銀行(IBRD)
  - 国際開発協会(IDA)
  - 国際金融公社(IFC)
  - 多国間投資保証機関(MIGA)
  - 国際投資紛争解決センター(ICSID)
- 国際通貨基金(IMF)
- 国際民間航空機関(ICAO)
- 国際海事機関(IMO)
- 国際電気通信連合(ITU)
- 万国郵便連合(UPU)
- 世界気象機関(WMO)
- 世界知的所有権機関(WIPO)
- 国際農業開発基金(IFAD)
- 国連工業開発基金(UNIDO)
- 世界観光機関(UNWTO)

機能委員会
- 犯罪防止刑事司法委員会
- 麻薬委員会
- 人口開発委員会
- 開発のための科学技術委員会
- 社会開発委員会
- 統計委員会
- 女性の地位委員会
- 持続可能な開発委員会
- 国連森林フォーラム

地域委員会
- アフリカ経済委員会(ECA)
- ヨーロッパ経済委員会(ECE)
- ラテンアメリカ・カリブ経済委員会(ECLAC)
- アジア太平洋経済社会委員会(ESCAP)
- 西アジア経済社会委員会(ESCWA)

その他の機関
- 開発政策委員会
- 行政専門家委員会
- 非政府組織委員会
- 先住民問題に関する常設フォーラム
- 地理学的名称に関する国連専門家グループ
- 専門家アドホック及び関連機関

事務局

各部局
- 事務総長室(EOSG)
- 経済社会局(DESA)
- フィールド支援局(DFS)
- 総会・会議管理局(DGACM)
- 管理局(DM)
- 政治局(DPA)
- 広報局(DPI)
- 平和維持活動局(DPKO)
- 安全保安局(DSS)
- 人道問題調整事務所(OCHA)
- 国連人権高等弁務官事務所(OHCHR)
- 内部監査室(OIOS)
- 法務局(OLA)
- アフリカ担当事務総長特別顧問室(OSAA)
- 子どもと武力紛争に関する国連事務総長特別代表事務所(SRSG/CAAC)
- 軍縮部(UNODA)
- 国連ジュネーブ事務所(UNOG)
- 後発開発途上国・内陸開発途上国・小島嶼開発途上国担当上級代表事務所(UN-OHRLLS)
- 国連ナイロビ事務所(UNON)
- 国連ウィーン事務所(UNOV)

国際司法裁判所

信託統治理事会[6]

注1. 国際連合、その基金や計画、専門機関、IAEA、WTOは国連システム事務局長調整委員会(CEB)のメンバーである。
2. UNRWAとUNIDIRは総会に対してのみ報告する。
3. IAEAは安全保障理事会と総会に報告する。
4. 世界貿易機関(WTO)は総会に報告する義務はないが、金融・開発問題に関する総会や経済社会理事会の活動に対してアドホックに経費を支払う。
5. 専門機関は自治機関で、その活動の調整は政府間レベルではECOSOCを通して、また事務局間レベルでは事務局長調整委員会(CEB)を通して行われる。
6. 信託統治理事会は、最後の信託統治地域であったパラオが1994年10月1日に独立したことを受けて、1994年11月1日にその作業を停止した。
これは国際連合の公式文書ではなく、またすべての機関を載せるように意図されたものではない。

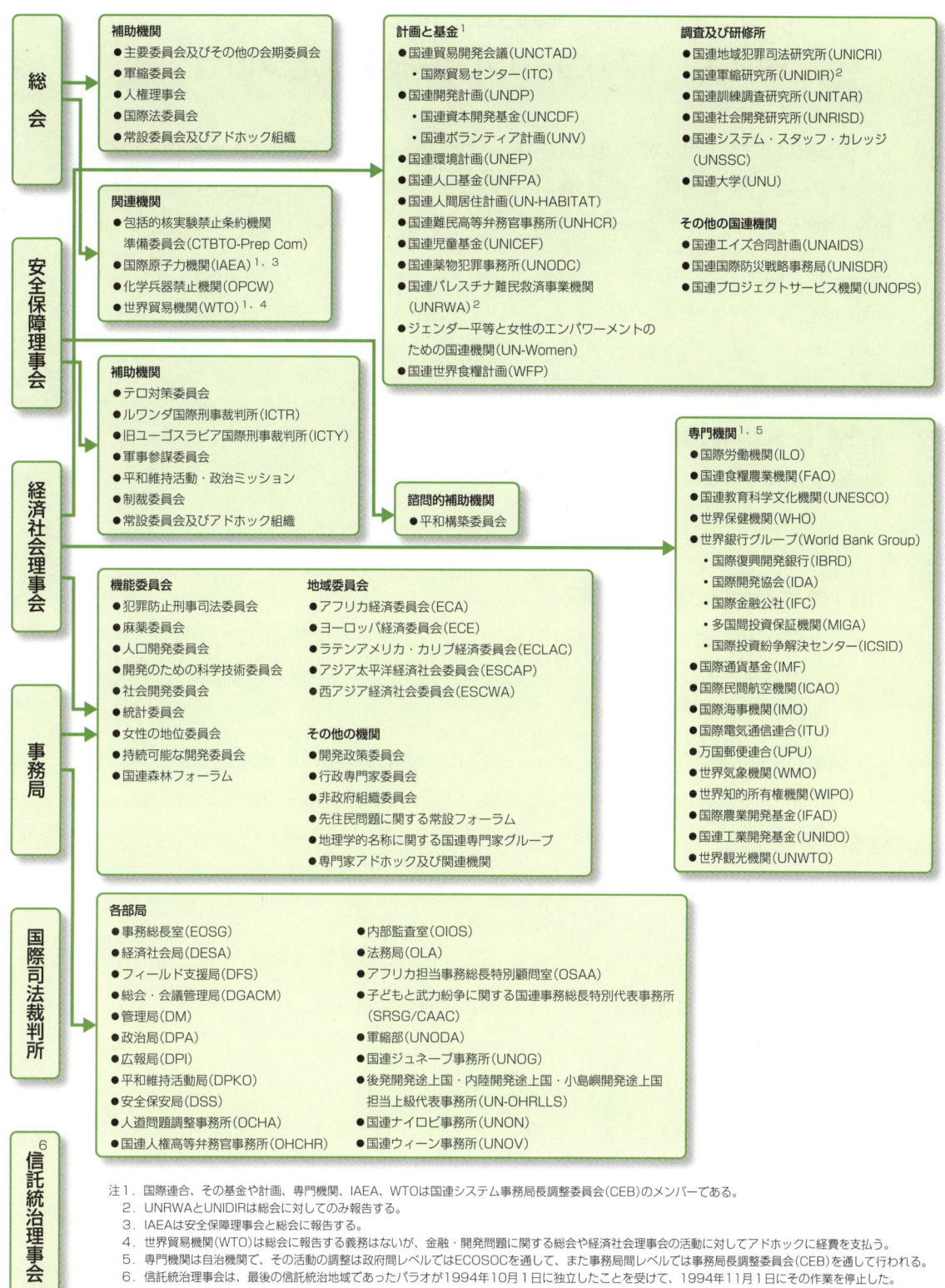

MDGsの成果《せいか》と課題《かだい》からとらえる、SDGs・17のゴールが採択《さいたく》されたプロセス

MDGsに向けた15年の取り組みの結果《けっか》、世界全体で多くの成果《せいか》がみられたといわれています。一方で国や地域《ちいき》、性別《せいべつ》や年齢《ねんれい》、経済状況《けいざいじょうきょう》、文化背景《はいけい》などによって目標達成《もくひょうたっせい》に格差《かくさ》がうまれ、成果《せいか》の恩恵《おんけい》が受けられない人々もまだたくさんいることも事実です。日本ユニセフ協会《きょうかい》のホームページには、MDGsの各目標《かくもくひょう》ごとに、その成果《せいか》と残《のこ》る格差《かくさ》・課題《かだい》が提示《ていじ》されています。たとえば、MDGsの目標《もくひょう》2で示《しめ》された「普遍的初等教育《ふへんてきしょとうきょういく》の達成《たっせい》」については、以下《いか》のような報告《ほうこく》がされています。

2.普遍的初等教育《ふへんてきしょとうきょういく》の達成《たっせい》

(すべての子どもたちが、男女の区別《くべつ》なく初等《しょとう》教育の全課程《かてい》を修了《しゅうりょう》できるようにする)

2015年最終報告書《さいしゅうほうこくしょ》における成果《せいか》

- 途上国《とじょうこく》の初等《しょとう》教育純就学率《じゅんしゅうがくりつ》は80%(1990年)から91%(2015年)に増加《ぞうか》。
- 学校に通っていない初等《しょとう》教育学齢期《がくれいき》の子どもの数は、1億《おく》人(2000年)から5700万人(2015年)に減少《げんしょう》。
- 若者《わかもの》(15〜24歳《さい》)の識字率《しきじりつ》は、83%(1990年)から91%(2015年)に向上。

残《のこ》る格差《かくさ》・課題《かだい》

- 小学校に通っていない5700万人のうち、3300万人がサハラ以南《いなん》のアフリカで暮《く》らしている。また、全体の半数以上《いじょう》を占《し》める55%が女の子。
- 途上国《とじょうこく》では、最貧層世帯《さいひんそうせたい》(下位20%)の子どもは、最富裕層世帯《さいふゆうそうせたい》(上位《じょうい》20%)の子どもに比《くら》べて、初等《しょとう》教育課程《かてい》を修了《しゅうりょう》していない割合《わりあい》が5倍以上《いじょう》。

これらの報告《ほうこく》を見ると、MDGsの成果《せいか》と課題《かだい》をもとに、なぜSDGsの17のゴールがあらためて採択《さいたく》されたのかを推測《すいそく》していくことができそうです。そして、さまざまな状況《じょうきょう》や考え方がある中で、どのようにしたら「誰《だれ》一人取り残《のこ》さない(No one will be left behind)」世界をつくっていくことができるのかを自分自身の課題《かだい》としてとらえ、行動していきましょう。

第2章　SDGsの目標《もくひょう》一つひとつに目を向けていこう

17のゴールは、今から創《つく》っていく未来《みらい》を生きる、全ての時代の全ての人のための目標《もくひょう》です。一つひとつの目標《もくひょう》は、人間、豊《ゆた》かさ、地球、平和、パートナーシップという５つの要素《ようそ》のいずれか１つ以上《いじょう》に関係《かんけい》しています。

ここからは、一つひとつ、目標《もくひょう》ごとにどのような内容《ないよう》が示《しめ》されているのかを見ていきます。また、示《しめ》された内容《ないよう》を読み解《と》くための手がかりをさまざまな形で紹介していきます。

それぞれのゴールを見据《みす》えて、未来《みらい》を創《つく》るためにどのような行動をとることができるでしょうか。自分自身で、そして仲間《なかま》とともに、未来《みらい》を創《つく》るための一歩をふみ出していきましょう。

ここから先のページの読み方

国連広報センターが示した、持続可能な開発目標（SDGs）資料より、目標の日本語訳、写真、ロゴを掲載しています。

外務省が公表した、持続可能な開発目標（SDGs）に示されている各ゴールの日本語仮訳を掲載しています。

日能研がまとめた、持続可能な開発目標（SDGs）の各目標をとらえるための概略や問いを掲載しています。

各目標と関係がある出来事や、SDGsそのものをとらえていくための手がかりについて書かれたコラムです。

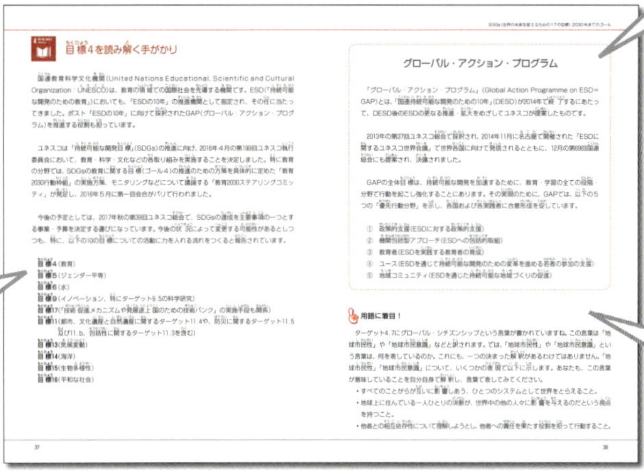

目標に取り組んでいる機関や、そのための基金の紹介など、各目標を読み解くための手がかりを掲載しています。

目標やターゲットに掲載されている言葉を知るための手がかりや、読み解くための視点です。

目標《もくひょう》1　あらゆる場所で、あらゆる形態《けいたい》の貧困《ひんこん》に終止符《しゅうしふ》を打つ

（資料提供　国連広報センター）

「貧困《ひんこん》」とは、生活をしていくためのお金がないことだけではありません。十分な食事がとれないことや栄養《えいよう》不良《ふりょう》、教育その他の基本的《きほんてき》なサービスを受けることができない、社会的《てき》な差《さ》別《べつ》を受ける、何かを決定する場面に参加《さんか》することができないなど、さまざまなことをふくんでいます。

1990年以降《いこう》、世界での極度《きょくど》の貧困率《ひんこんりつ》は低下《ていか》しました。しかし依然《いぜん》として、開発途上地域《とじょうちいき》では、5人に1人が極度《きょくど》の貧困《ひんこん》(一日1ドル25セント未満《みまん》で生活すること)状態《じょうたい》で生活しているという現状《げんじょう》があります。また、「極度《きょくど》の貧困《ひんこん》」状態《じょうたい》をわずかに上回った生活をしている人々も世界中にはたくさんいることに加《くわ》え、貧困《ひんこん》に逆戻《ぎゃくもど》りする可能性《かのうせい》を抱《かか》えている人々もたくさんいます。

そんな中、今後15年間で、極度《きょくど》の貧困《ひんこん》をふくめ、あらゆる形態《けいたい》の貧困《ひんこん》に終止符《しゅうしふ》を打つことを目指しています。
社会的《てき》に弱い立場の人々をはじめ、全世界の人々が、基本的《きほんてき》な生活水準《すいじゅん》と社会的保護《てきほご》を受けられるようになるために、私《わたし》たちにはどのようなことができるでしょうか。

目標1：あらゆる場所のあらゆる形態の貧困を終わらせる

ターゲット

1.1 2030年までに、現在1日1.25ドル未満で生活する人々と定義されている極度の貧困をあらゆる場所で終わらせる。

1.2 2030年までに、各国定義によるあらゆる次元の貧困状態にある、すべての年齢の男性、女性、子どもの割合を半減させる。

1.3 各国において最低限の基準を含む適切な社会保護制度及び対策を実施し、2030年までに貧困層及び脆弱層に対し十分な保護を達成する。

1.4 2030年までに、貧困層及び脆弱層をはじめ、すべての男性及び女性が、基礎的サービスへのアクセス、土地及びその他の形態の財産に対する所有権と管理権限、相続財産、天然資源、適切な新技術、マイクロファイナンスを含む金融サービスに加え、経済的資源についても平等な権利を持つことができるように確保する。

1.5 2030年までに、貧困層や脆弱な状況にある人々の強靱性(レジリエンス)を構築し、気候変動に関連する極端な気象現象やその他の経済、社会、環境的ショックや災害に暴露や脆弱性を軽減する。

1.a あらゆる次元での貧困を終わらせるための計画や政策を実施するべく、後発開発途上国をはじめとする開発途上国に対して適切かつ予測可能な手段を講じるため、開発協力の強化などを通じて、さまざまな供給源からの相当量の資源の動員を確保する。

1.b 貧困撲滅のための行動への投資拡大を支援するため、国、地域及び国際レベルで、貧困層やジェンダーに配慮した開発戦略に基づいた適正な政策的枠組みを構築する。

（外務省仮訳）

目標《もくひょう》1を読み解《と》く手がかり

貧困《ひんこん》ってなに？

「貧困《ひんこん》」とは、文字通り、「貧《まず》しくて生活に困《こま》っていること」です。
「貧困《ひんこん》」を大きく分けると、「絶対的貧困《ぜったいてきひんこん》」と「相対的貧困《そうたいてきひんこん》」の２つになります。

「絶対的貧困《ぜったいてきひんこん》」とは、ある一定の所得《しょとく》・消費《しょうひ》水準《すいじゅん》に満《み》たないことをさし、「相対的貧困《そうたいてきひんこん》」とは、国民全体の所得《しょとく》の中央値《ちゅうおうち》を算出し、その半分に満《み》たないことをさします。どちらも、ある基準《きじゅん》とくらべて「所得《しょとく》」が多いか少ないかによって貧困層《ひんこんそう》が定義《ていぎ》されます。
それに対して、所得以外《しょとくいがい》の要素《ようそ》も加味《かみ》して貧困《ひんこん》を定義《ていぎ》する「多元的貧困《たげんてきひんこん》(Multidimensional Poverty)」が注目を集めています。

「多元的貧困《たげんてきひんこん》」の最《もっと》も有名な例《れい》は、国連《こくれん》開発計画(UNDP)の人間開発報告書《ほうこくしょ》において用いられた「多次元貧困《ひんこん》指数(Multidimensional Poverty Index：MPI)」です。「多次元貧困《ひんこん》指数」は、所得《しょとく》に加《くわ》えて教育や保健《ほけん》といったお金に換算《かんさん》できない要素《ようそ》も考慮《こうりょ》して、深刻《しんこく》な貧困《ひんこん》の度合いを数値化《すうちか》した指標《しひょう》です。この指標《しひょう》は2010年に試験的《しけんてき》に導入《どうにゅう》されたもので、今後は寄《よ》せられる意見やデータの入手可能性《かのうせい》を考慮《こうりょ》して、改定《かいてい》・改善《かいぜん》を加《くわ》えていくことになっています。

貧困《ひんこん》と気候変動《きこうへんどう》はつながっている

2013年７月、世界銀行グループ総裁《そうさい》 ジム・ヨン・キム氏《し》は、「貧困《ひんこん》の撲滅《ぼくめつ》に気候変動対策《きこうへんどうたいさく》は不可欠《ふかけつ》」と『The World Bank』で述《の》べました。言い換《か》えれば、貧困《ひんこん》問題(「目標《もくひょう》１　貧困《ひんこん》をなくそう」)と気候変動《きこうへんどう》(「目標《もくひょう》13　気候変動《きこうへんどう》に具体的《ぐたいてき》な対策《たいさく》を」)が、別個《べっこ》の問題のようで、実は“つながっている”ということです。別のとらえ方として、気候変動《きこうへんどう》に限《かぎ》らず、すべての問題の根っこには「貧困《ひんこん》」の問題があるという学者もいます。

「すべては、つながっている」ということを伝える話の一つに、「風が吹《ふ》けば桶屋《おけや》が儲《もう》かる」という日本の諺《ことわざ》があります。ある事象《じしょう》の発生により、一見すると全く関係《かんけい》がないと思われる場所・物事に影響《えいきょう》が及《およ》ぶことがあるのです。SDGsと向き合うときにこの発想を使うと、17のゴール一つひとつにはどのようなつながりが見つかるのでしょうか？

SDGsの特徴《とくちょう》を簡単《かんたん》に表現《ひょうげん》すれば、次の二つにまとめられます。一つ目は、どの問題も地球上で起こっているのだから、「それは開発途上国《かいはつとじょうこく》の問題」、「これは先進国の問題」と分けずに、一つひとつの問題を全員参加《さんか》で解決《かいけつ》していく、という特徴《とくちょう》です。もう一つは、どれか一つの問題だけを解決《かいけつ》することはできないのだから、地球上で起こっているすべての問題について、同時並行《へいこう》で解決《かいけつ》に向けて行動していく、という特徴《とくちょう》です。

リービッヒの最小律

植物は生長するために、光合成《こうごうせい》という働《はたら》きを行っています。光合成《こうごうせい》は、水と二酸化炭《にさんかたん》素《そ》を材料《ざいりょう》とし、光をエネルギーとして、栄養分《えいようぶん》をつくる働《はたら》きです。

しかし、植物に水と二酸化炭素《にさんかたんそ》を与《あた》え、光を当てるだけでは生長できません。新しく細胞《さいぼう》をつくるためには、ちっ素《そ》やリン酸《さん》、マグネシウムなどの物質《ぶっしつ》が必要《ひつよう》になります。

ドイツのリービッヒという科学者は、植物の生長は、必要《ひつよう》な物質《ぶっしつ》のうち、与《あた》えられた量《りょう》がもっとも少ないものによって決まると考えました。その考え方を表したのが「ドベネックのおけ」という図です。

図では、植物に必要《ひつよう》な物質《ぶっしつ》の量《りょう》が板で表されています。板でおけをつくり、そのおけの水が生長する量《りょう》だと考えます。すると、おけの中の水は、板の一番短い部分から流れ出し、それ以上《いじょう》は水をためることはできません。この例と同じように、植物の生長は、一番少ない物質《ぶっしつ》の量《りょう》で決まるという考え方です。

この考え方をSDGsにあてはめてみましょう。おけをつくっている板の数は17あります。そして、中の水は、持続可能《じぞくかのう》な開発です。

たとえば、気候変動《きこうへんどう》への具体的《ぐたいてき》な対策《たいさく》（SDGs13）だけを実施《じっし》し、貧困《ひんこん》をなくす（SDGs1）ことには、ほとんど取り組まなかった場合、気候変動《きこうへんどう》への対策《たいさく》の板は長くなりますが、貧困《ひんこん》をなくす板は短いままです。すると、持続可能《じぞくかのう》な開発がどれだけ達成されるかは、貧困《ひんこん》をなくすことの目標《もくひょう》にどれだけ取り組んできたのかによって決まることになるのです。

持続可能《じぞくかのう》な開発を進めるためには、17の板（ゴール）をすべて長くしていく必要《ひつよう》があるのです。さて、私たちはどのように行動していきましょうか。

目標《もくひょう》2　飢餓《きが》に終止符《しゅうしふ》を打ち、食料《しょくりょう》の安全確保《あんぜんかくほ》と栄養状態《えいようじょうたい》の改善《かいぜん》を達成《たっせい》するとともに、持続可能《じぞくかのう》な農業を推進《すいしん》する

（資料提供　国連広報センター）

世界の中には、長い間食事をとることができず、栄養《えいよう》不良《ふりょう》や不健康《ふけんこう》な状態《じょうたい》になっている人がたくさんいます。現《げん》時点で、日常的《にちじょうてき》に空腹《くうふく》を抱《かか》えている人々は7億《おく》9,500万人に上るとされています。また、2014年の時点で発育不全《ふぜん》状態《じょうたい》にある5歳未満《さいみまん》の子どもは、全世界で1億《おく》5,860万人と、全世界の人口の4人に1人に達《たっ》していると見られています。さらには、2050年までには全世界の人口が97億《おく》人に増加《ぞうか》することが予測《よそく》されています。
世界の全ての人々に食料《しょくりょう》を供給《きょうきゅう》するためには、世界の食料《しょくりょう》・農業システムを根本的《てき》に変《か》えていくことが必要《ひつよう》です。
現在《げんざい》、土壌《どじょう》や海洋、生物多様性《たようせい》の劣化《れっか》が急速に進んでいます。また極端《きょくたん》な気候変動《きこうへんどう》により、干《かん》ばつや洪水《こうずい》などの災害《さいがい》のリスクも高まっています。農村部では、自分たちの土地で生計を立てられなくなり、都市への移住《いじゅう》を余儀《よぎ》なくされている人々もたくさんいます。
環境《かんきょう》を壊《こわ》すことなく、生産量《せいさんりょう》を増《ふ》やすとともに、災害《さいがい》に対する適応能《てきおうのう》力《りょく》を向上させ、土地と土壌《どじょう》の質《しつ》を改善《かいぜん》していくために、私《わたし》たちにはどのようなことができるでしょうか。

目標２：飢餓を終わらせ、食料安全保障及び栄養改善を実現し、持続可能な農業を促進する

ターゲット

2.1　2030年までに、飢餓を撲滅し、すべての人々、特に貧困層及び幼児を含む脆弱な立場にある人々が一年中安全かつ栄養のある食料を十分得られるようにする。

2.2　５歳未満の子どもの発育阻害や消耗性疾患について国際的に合意されたターゲットを2025年までに達成するなど、2030年までにあらゆる形態の栄養不良を解消し、若年女子、妊婦・授乳婦及び高齢者の栄養ニーズへの対処を行う。

2.3　2030年までに、土地、その他の生産資源や、投入財、知識、金融サービス、市場及び高付加価値化や非農業雇用の機会への確実かつ平等なアクセスの確保などを通じて、女性、先住民、家族農家、牧畜民及び漁業者をはじめとする小規模食料生産者の農業生産性及び所得を倍増させる。

2.4　2030年までに、生産性を向上させ、生産量を増やし、生態系を維持し、気候変動や極端な気象現象、干ばつ、洪水及びその他の災害に対する適応能力を向上させ、漸進的に土地と土壌の質を改善させるような、持続可能な食料生産システムを確保し、強靭（レジリエント）な農業を実践する。

2.5　2020年までに、国、地域及び国際レベルで適正に管理及び多様化された種子・植物バンクなども通じて、種子、栽培植物、飼育・家畜化された動物及びこれらの近縁野生種の遺伝的多様性を維持し、国際的合意に基づき、遺伝資源及びこれに関連する伝統的な知識へのアクセス及びその利用から生じる利益の公正かつ衡平な配分を促進する。

2.a　開発途上国、特に後発開発途上国における農業生産能力向上のために、国際協力の強化などを通じて、農村インフラ、農業研究・普及サービス、技術開発及び植物・家畜のジーン・バンクへの投資の拡大を図る。

2.b　ドーハ開発ラウンドの決議に従い、すべての形態の農産物輸出補助金及び同等の効果を持つすべての輸出措置の並行的撤廃などを通じて、世界の農産物市場における貿易制限や歪みを是正及び防止する。

2.c　食料価格の極端な変動に歯止めをかけるため、食料市場及びデリバティブ市場の適正な機能を確保するための措置を講じ、食料備蓄などの市場情報への適時のアクセスを容易にする。

（外務省仮訳）

2 飢餓をゼロに

目標《もくひょう》2を読《よ》み解《と》く手がかり

WFP

wfp.org/jp

世界食糧《しょくりょう》計画

(World Food Programme：WFP)

WFPは、次の5つの目標《もくひょう》をかかげる飢餓《きが》と闘《たたか》う世界最大《さいだい》の人道機関《きかん》です。

1. 緊急時《きんきゅうじ》に命を救《すく》い暮《く》らしを守ること
2. 緊急事態《きんきゅうじたい》に備《そな》えること
3. 緊急事態《きんきゅうじたい》が過《す》ぎた後に暮《く》らしを復《ふっ》興《こう》して再建《さいけん》すること
4. あらゆる場所で慢性的《まんせいてき》な飢餓《きが》と栄《えい》養不良《ようふりょう》を減《へ》らすこと
5. 飢餓《きが》を減《へ》らすために各国《かっこく》の能力《のうりょく》を強化すること

1万2千人近くの職員《しょくいん》を持ち、その90パーセント以上《いじょう》が現地《げんち》で働《はたら》いています。「国連食糧《しょくりょう》農業機関《きかん》(FAO)」と「国際《こくさい》農業開発基金《ききん》(IFAD)」と緊密《きんみつ》な協力《きょうりょく》の下《もと》に活動を進めています。また、2,100以上《いじょう》のNGOと提携《ていけい》して食糧《しょくりょう》を配っています。世界的《せかいてき》な学校給食《きゅうしょく》キャンペーンでは、60カ国の2,470万人の学童に毎日の食事を提《てい》供《きょう》しています。

国連食糧《こくれんしょくりょう》農業機関《きかん》

(Food and Agriculture Organization of the United Nations: FAO)

貧困《ひんこん》と飢餓《きが》を軽減《けいげん》する活動を続《つづ》けながら、農業開発を進め、栄養《えいよう》の改善《かいぜん》や食糧《しょくりょう》安全保障《ほしょう》(★)の実現《じつげん》にも努《つと》めている機関《きかん》です。

FAO内にある「世界食糧《しょくりょう》安全保障《ほしょう》委員会(Committee on World Food Security)」では、国際食糧《こくさいしょくりょう》安全保障《ほしょう》の状況《じょうきょう》について監視《かんし》し、評価《ひょうか》し、協議《きょうぎ》されます。また、「全地球情報《じょうほう》早期警報《けいほう》システム(Global Information and Early Warning System)」を通して、気象衛《きしょうえい》星《せい》やその他の衛星《えいせい》を利用《りよう》して食糧生産《しょくりょうせいさん》に影響《えいきょう》を及《およ》ぼす状態《じょうたい》を見守り、食糧《しょくりょう》の供給《きょうきゅう》に潜在的脅威《せんざいてききょうい》が生じた場合はそれについての警戒《けいかい》を政府《せいふ》や援助国《えんじょこく》によびかけています。

★「食糧《しょくりょう》安全保障《ほしょう》」とは、「すべての人が活動《かつどう》的《てき》かつ健康的《けんこうてき》な生活を営《いとな》むために必要《ひつよう》な食事や嗜好《しこう》を満《み》たす十分で安全で栄養価《えいようか》に富《と》む食事を常《つね》に実際的《じっさいてき》かつ経済的《けいざいてき》に入手できるようにすること」です。

IFAD

国際《こくさい》農業開発基金《ききん》

（International Fund for Agricultural Development: IFAD）

IFADは、１日１ドル未満《みまん》で生活する開発途上《とじょう》国の農村が貧困《ひんこん》と飢餓《きが》と闘《たたか》うために開発資金《しきん》を提供《ていきょう》します。もっとも必要《ひつよう》としている人々に開発援助《えんじょ》が実際《じっさい》に届《とど》くようにするために、IFADは、貧《まず》しい農村の男女を開発に直接参加《ちょくせつさんか》させ、彼《かれ》ら自身やその組織《そしき》との共同《きょうどう》で、自分たちの地域《ちいき》社会で経済的《けいざいてき》に自立する機会《きかい》を作り出せるような工夫《くふう》をし続《つづ》けています。

３つの機関《きかん》や基金《ききん》は、すべて世界の飢餓《きが》を軽減《けいげん》するためのものです。こうした３つのしくみはなぜ生まれ、どうつながっているのでしょうか。

３つのマークには穀物《こくもつ》が描《えが》かれているという共通点《きょうつうてん》があります。数ある食糧《しょくりょう》のなかで、穀物《こくもつ》がマークに用いられたのは、なぜでしょう。「穀物《こくもつ》」と「世界の飢餓《きが》」は、どのように関係《かんけい》しているのだと思いますか？

用語に着目！

2.a ジーン・バンク（gene bank）

多様性《たようせい》や農業《のうぎょう》などの分野《ぶんや》で有用《ゆうよう》な生物《せいぶつ》の、遺伝子《いでんし》資源《しげん》を保存《ほぞん》するための施設《しせつ》のこと。遺伝子銀行《いでんしぎんこう》の意《い》。

生物多様性条約《せいぶつたようせいじょうやく》では、生物多様性保全《せいぶつたようせいほぜん》のために生息域内保全《せいそくいきないほぜん》と生息域外保全《せいそくいきがいほぜん》の２方法《ほうほう》を提示《ていじ》しているが、ジーンバンクは動植物園《どうしょくぶつえん》などとともに、人工的《じんこうてき》な管理下《かんりか》で保全《ほぜん》を図《はか》る「生息域外保全《せいそくいきがいほぜん》」の一つである。多《おお》くの生物資源《せいぶつしげん》を将来《しょうらい》のために遺伝子《いでんし》レベルで保存《ほぞん》しておくもので、植物《しょくぶつ》の種子《しゅし》を保存《ほぞん》しておくシードバンク（種子銀行《しゅしぎんこう》）もその一つ。特《とく》に、農作物《のうさくもつ》や薬品《やくひん》の開発《かいはつ》では、既《すで》に過去《かこ》のものとなった農作物《のうさくもつ》の種子《しゅし》や民間療法《みんかんりょうほう》として使用《しよう》されている植物《しょくぶつ》などを遺伝子《いでんし》レベルで系統保存《けいとうほぞん》しておき、農業《のうぎょう》や科学《かがく》に役立《やくだ》てようというＦＡＯなど国連機関《こくれんきかん》のプロジェクトもある。

最近《さいきん》では、将来《しょうらい》の科学技術《かがくぎじゅつ》の発展《はってん》に備《そな》えて、トキなど絶滅《ぜつめつ》に瀕《ひん》した動物《どうぶつ》の精子《せいし》や卵子《らんし》あるいは細胞《さいぼう》などの形《かたち》で遺伝子《いでんし》を冷凍保存《れいとうほぞん》しておき、絶滅種《ぜつめつしゅ》の復活《ふっかつ》を図《はか》る計画《けいかく》もある。

『ＥＩＣネット　環境用語《かんきょうようご》』より。

2.b ドーハ開発《かいはつ》ラウンド

ドーハラウンドは、ＷＴＯ加盟《かめい》国間の最新《さいしん》の貿易《ぼうえき》交渉《こうしょう》ラウンドです。貿易障壁《ぼうえきしょうへき》をとり除《のぞ》くことを目的《もくてき》として世界貿易機関《せかいぼうえききかん》（ＷＴＯ）が主催《しゅさい》する多角的貿易《てきぼうえき》交渉《こうしょう》で、2001年にカタールのドーハで閣僚《かくりょうきゅう》級会合として開始《かいし》されました。

その目的《もくてき》は、より低《ひく》い貿易障壁《ぼうえきしょうへき》の導入《どうにゅう》と貿易《ぼうえき》ルールの改訂《かいてい》を通じた国際貿易体制《こくさいぼうえきたいせい》の大幅《おおはば》な改革《かいかく》を達成《たっせい》することです。その作業《さぎょう》プログラムは約《やく》20の貿易《ぼうえき》分野をカバーしています。

今回の交渉《こうしょう》において最《もっと》も重要《じゅうよう》な課題《かだい》の一つが、貿易《ぼうえき》を通じた途上《とじょう》国の開発《かいはつ》ですが、欧州連合《おうしゅうれんごう》とアメリカ合衆国《がっしゅうこく》および発展途上《はってんとじょう》国との間の対立《たいりつ》によって議論《ぎろん》は膠着状態《こうちゃくじょうたい》に陥《おちい》っているといいます。

目標《もくひょう》3　あらゆる年齢《ねんれい》のすべての人々の健康的《けんこうてき》な生活を確保《かくほ》し、福祉《ふくし》を推進《すいしん》する

（資料提供　国連広報センター）

あらゆる生命には寿命《じゅみょう》があり、命あるものはいつか死にいたります。人間も、命あるものの仲間《なかま》です。どんなに医学が進歩しても、人が不死《ふし》を手に入れることはできないでしょう。しかし、健康《けんこう》に生活できる人を増《ふ》やすことや、その人が健康《けんこう》に生活できる期間をのばすことはできます。

健康《けんこう》に生活できるかそうでないかについては、国によって、人によって大きな差異《さい》があります。そして、その差異《さい》が生まれる背景《はいけい》は実にさまざまです。

たとえば、貧《まず》しい国では5歳未満《さいみまん》の子どもの死亡率《しぼうりつ》が、豊《ゆた》かな国の2倍近いというデータがあります。死亡《しぼう》理由の多くは、栄養不良《えいようふりょう》やきれいな水の不足《ふそく》で、その背景《はいけい》には国としての経済的《けいざいてき》な貧《まず》しさがあります。一方、薬物の乱用《らんよう》やアルコールへの依存《いぞん》、交通事故《じこ》による死傷者《ししょうしゃ》の増加《ぞうか》は、国の貧《まず》しさだけが問題の背景《はいけい》だとはいえません。

また、ワクチンがあり治療法《ちりょうほう》もわかっているのに、対策《たいさく》が不十分《ふじゅうぶん》なために根絶《こんぜつ》できない感染症《かんせんしょう》があります。一方で、不健康《ふけんこう》な食生活や生活習慣《しゅうかん》、精神的《せいしんてき》なストレスが原因《げんいん》となっている治療法《ちりょうほう》がわかっていない病気も存在《そんざい》します。

すべての人々が健康的《けんこうてき》な生活をおくるために、私《わたし》たちにはどのようなことができるのでしょうか。

目標3：あらゆる年齢のすべての人々の健康的な生活を確保し、福祉を促進する

ターゲット

3.1　2030年までに、世界の妊産婦の死亡率を出生10万人当たり70人未満に削減する。

3.2　すべての国が新生児死亡率を少なくとも出生1,000件中12件以下まで減らし、5歳以下死亡率を少なくとも出生1,000件中25件以下まで減らすことを目指し、2030年までに、新生児及び5歳未満児の予防可能な死亡を根絶する。

3.3　2030年までに、エイズ、結核、マラリア及び顧みられない熱帯病といった伝染病を根絶するとともに肝炎、水系感染症及びその他の感染症に対処する。

3.4　2030年までに、非感染性疾患による若年死亡率を、予防や治療を通じて3分の1減少させ、精神保健及び福祉を促進する。

3.5　薬物乱用やアルコールの有害な摂取を含む、物質乱用の防止・治療を強化する。

3.6　2020年までに、世界の道路交通事故による死傷者を半減させる。

3.7　2030年までに、家族計画、情報・教育及び性と生殖に関する健康の国家戦略・計画への組み入れを含む、性と生殖に関する保健サービスをすべての人々が利用できるようにする。

3.8　すべての人々に対する財政リスクからの保護、質の高い基礎的な保健サービスへのアクセス及び安全で効果的かつ質が高く安価な必須医薬品とワクチンへのアクセスを含む、ユニバーサル・ヘルス・カバレッジ（UHC）を達成する。

3.9　2030年までに、有害化学物質、ならびに大気、水質及び土壌の汚染による死亡及び疾病の件数を大幅に減少させる。

3.a　すべての国々において、たばこの規制に関する世界保健機関枠組条約の実施を適宜強化する。

3.b　主に開発途上国に影響を及ぼす感染性及び非感染性疾患のワクチン及び医薬品の研究開発を支援する。また、知的所有権の貿易関連の側面に関する協定（TRIPS協定）及び公衆の健康に関するドーハ宣言に従い、安価な必須医薬品及びワクチンへのアクセスを提供する。同宣言は公衆衛生保護及び、特にすべての人々への医薬品のアクセス提供にかかわる「知的所有権の貿易関連の側面に関する協定（TRIPS協定）」の柔軟性に関する規定を最大限に行使する開発途上国の権利を確約したものである。

3.c　開発途上国、特に後発開発途上国及び小島嶼開発途上国において保健財政及び保健人材の採用、能力開発・訓練及び定着を大幅に拡大させる。

3.d　すべての国々、特に開発途上国の国家・世界規模な健康危険因子の早期警告、危険因子緩和及び危険因子管理のための能力を強化する。

（外務省仮訳）

目標《もくひょう》3を読み解《と》く手がかり

■世界保健機関《ほけんきかん》(WHO)

WHOは、「世界保健機関憲章《ほけんきかんけんしょう》」第1条《じょう》の「すべての人々が可能《かのう》な最高《さいこう》の健康水準《けんこうすいじゅん》に到達《とうたつ》すること」を目的《もくてき》に、病気に関《かん》するグローバルな活動を調整《ちょうせい》する専門機関《せんもんきかん》です。

WHOは17のゴールの中の一つである「健康《けんこう》」を主に担《にな》う機関《きかん》であり、その活動が他の16のゴールとも密《みつ》に関係《かんけい》することを次のような図表をつくり発信《はっしん》しています。

英語を使って示されている上の図表は、三層《さんそう》の円の中心に一つの目標《もくひょう》を置《お》き、一番外側《そとがわ》の円に残《のこ》りの16の目標《もくひょう》を配置《はいち》。そして、中心の目標《もくひょう》と周辺《しゅうへん》に配置《はいち》した目標《もくひょう》の間に、それぞれがどのような関係《かんけい》を持っているかを言葉にしたものです。

同じ枠組《わくぐ》みを使って中心に置く目標《もくひょう》を変えていくと、17のゴールそれぞれがどのように関係《かんけい》しているかを自分自身でつかんでいくことができそうです。意外なつながりが見つかるかもしれませんね。

用語に着目！

目標《もくひょう》3ターゲット3.8に書かれている、「ユニバーサル・ヘルス・カバレッジ（Universal Health Coverage：UHC）」とは、「すべての人が、適切《てきせつ》な健康増進《けんこうぞうしん》、予防《よぼう》、治療《ちりょう》、機能回復《きのうかいふく》に関《かん》するサービスを、支払《しはら》い可能《かのう》な費用《ひよう》で受けられる」ことを指す言葉です。

ユニバーサル・ヘルス・カバレッジの実現《じつげん》は、2012年12月の国連総会《こくれんそうかい》で国際《こくさい》社会の新たな共通《きょうつう》目標《もくひょう》として決議《けつぎ》されました。

2015年６月には、「ユニバーサル・ヘルス・カバレッジ（UHC）に焦点《しょうてん》を当てる」報告書《ほうこくしょ》が世界保健機関《ほけんきかん》（WHO）と世界銀行グループから発表されています。WHOと世界銀行グループは経済的保護《けいざいてきほご》を含《ふく》め、各国《かっこく》がUHCを実現《じつげん》することによって、最低《さいてい》でも80%の人々がこれらの基本的《きほんてき》な保健医療《ほけんいりょう》サービスへのアクセスを確保《かくほ》することを目標《もくひょう》として設置《せっち》するように提案《ていあん》しています。

TRACKING UNIVERSAL HEALTH COVERAGE
First Global Monitoring Report
エグゼクティブ・サマリー(日本語抄訳)
World Health Organization　THE WORLD BANK
TRACKING UNIVERSAL HEALTH COVERAGE
FIRST GLOBAL MONITORING REPORT
WHO 世界銀行グループ

この報告書《ほうこくしょ》は日本語訳《やく》が発表されており、以下《いか》のアドレスより閲覧《えつらん》できます。
http：//www.who.int/kobe_centre/mediacentre/uhc_report_2015/ja/

「すべての人に健康《けんこう》と福祉《ふくし》を」と示《しめ》されている目標《もくひょう》3を達成《たっせい》するために、“日本に住む私《わたし》たち”には何ができるでしょう。日本政府《せいふ》も、UHCに関《かん》するさまざまな動きを作り出しているようです。「あらゆる年齢《ねんれい》の全ての人の健康《けんこう》な生活を確保《かくほ》し、福祉《ふくし》を推進《すいしん》する」ための方法《ほうほう》があるという立場に立って、国ができること、企業《きぎょう》ができること、個人《こじん》ができることなど、さまざまな視点《してん》から何が必要《ひつよう》になるのか、また何が阻害要因《そがいよういん》になっているのかを探《さぐ》っていきましょう。

目標《もくひょう》4　すべての人々に包摂的《ほうせつてき》かつ公平で質《しつ》の高い教育を提《てい》供《きょう》し、生涯《しょうがい》学習の機会《きかい》を促進《そくしん》する

4 QUALITY EDUCATION

4 質の高い教育をみんなに

（資料提供　国連広報センター）

私《わたし》たちが、自分たちの生活をよりよくしたり、持続可能《じぞくかのう》な開発をふまえて未来《みらい》を創《つく》ったりするために、質《しつ》の高い教育は欠《か》かせません。

2013年のデータでは、小学校に通う年齢《ねんれい》に達《たっ》した世界中の子どものうち、5900万人が学校に通えていません。2008年から2012年にかけて、低《てい》・中所得国《しょとくこく》で行われた調査《ちょうさ》によると、最貧《さいひん》層《そう》の世帯《せたい》の子どもは最富裕層《さいふゆうそう》の子どもより、学校に通えない可能性《かのうせい》が4倍以上《いじょう》高くなっています。また、15歳以上《さいいじょう》で読み書きができない人は、世界中で7億《おく》人以上《いじょう》いますが、その3分の2が女性《じょせい》です。

国や地域《ちいき》を問わず、男女を問わず、だれもが基本的《きほんてき》な能力《のうりょく》を身につけるための教育を受けられるようにすることは大切なことです。では、開発途上地域《とじょうちいき》の子どもたちや女性《じょせい》たちが学校に通えるようになれば、それでいいのでしょうか。そこで目標《もくひょう》が完結《かんけつ》するわけではありません。

先進地域《ちいき》に住む私《わたし》たちもふくめ、すべての人が、より高い能力《のうりょく》を習得《しゅうとく》したり、働《はたら》きがいがある職業《しょくぎょう》につながる技術《ぎじゅつ》を身につけたりする機会《きかい》を得《え》ること、そして高等教育にすすむチャンスを得《え》ることができれば、持続可能《じぞくかのう》な開発を促進《そくしん》し、社会に貢献《こうけん》することになるからです。そして、あらゆる人が年齢《ねんれい》に関係《かんけい》なく一生学び続《つづ》けること、すなわち生涯《しょうがい》学習の機会《きかい》を増《ふ》やすことも、未来《みらい》を創《つく》るための大きな課題《かだい》です。

目標４：すべての人に包摂的かつ公正な質の高い教育を確保し、生涯学習の機会を促進する

ターゲット

4.1　2030年までに、すべての子どもが男女の区別なく、適切かつ効果的な学習成果をもたらす、無償かつ公正で質の高い初等教育及び中等教育を修了できるようにする。

4.2　2030年までに、すべての子どもが男女の区別なく、質の高い乳幼児の発達・ケア及び就学前教育にアクセスすることにより、初等教育を受ける準備が整うようにする。

4.3　2030年までに、すべての人々が男女の区別なく、手の届く質の高い技術教育・職業教育及び大学を含む高等教育への平等なアクセスを得られるようにする。

4.4　2030年までに、技術的・職業的スキルなど、雇用、働きがいのある人間らしい仕事及び起業に必要な技能を備えた若者と成人の割合を大幅に増加させる。

4.5　2030年までに、教育におけるジェンダー格差を無くし、障害者、先住民及び脆弱な立場にある子どもなど、脆弱層があらゆるレベルの教育や職業訓練に平等にアクセスできるようにする。

4.6　2030年までに、すべての若者及び大多数（男女ともに）の成人が、読み書き能力及び基本的計算能力を身に付けられるようにする。

4.7　2030年までに、持続可能な開発のための教育及び持続可能なライフスタイル、人権、男女の平等、平和及び非暴力的文化の推進、グローバル・シチズンシップ、文化多様性と文化の持続可能な開発への貢献の理解の教育を通して、全ての学習者が、持続可能な開発を促進するために必要な知識及び技能を習得できるようにする。

4.a　子ども、障害及びジェンダーに配慮した教育施設を構築・改良し、すべての人々に安全で非暴力的、包摂的、効果的な学習環境を提供できるようにする。

4.b　2020年までに、開発途上国、特に後発開発途上国及び小島嶼開発途上国、ならびにアフリカ諸国を対象とした、職業訓練、情報通信技術（ICT）、技術・工学・科学プログラムなど、先進国及びその他の開発途上国における高等教育の奨学金の件数を全世界で大幅に増加させる。

4.c　2030年までに、開発途上国、特に後発開発途上国及び小島嶼開発途上国における教員研修のための国際協力などを通じて、質の高い教員の数を大幅に増加させる。

（外務省仮訳）

目標《もくひょう》4を読み解《と》く手がかり

国連《こくれん》教育科学文化機関《きかん》(United Nations Educational, Scientific and Cultural Organization：UNESCO《ユネスコ》)は、教育の領域《りょういき》での国際《こくさい》社会を先導《せんどう》する機関《きかん》です。ESD(「持続可能《じぞくかのう》な開発のための教育」)においても、「ESDの10年」の推進機関《すいしんきかん》として指定され、その任《にん》に当たってきました。ポスト「ESDの10年」に向けて採択《さいたく》されたGAP(グローバル・アクション・プログラム)を推進《すいしん》する役割《やくわり》も担《にな》っています。

ユネスコは「持続可能《じぞくかのう》な開発目標《もくひょう》」(SDGs)の推進《すいしん》に向け、2016年４月の第199回ユネスコ執行《しっこう》委員会において、教育・科学・文化などの各《かく》取り組みを実施《じっし》することを決定しました。特《とく》に教育の分野では、SDGsの教育に関《かん》する目標《もくひょう》(ゴール４)の推進《すいしん》のための方策《ほうさく》を具体的《ぐたいてき》に定めた「教育2030行動枠組《わくぐみ》」の実施方策《じっしほうさく》、モニタリングなどについて議論《ぎろん》する「教育2030ステアリングコミッティ」が発足《ほっそく》し、2016年５月に第一回会合がパリで行われました。

今後の予定としては、2017年秋の第39回ユネスコ総会《そうかい》で、SDGsの達成《たっせい》を主要事項《しゅようじこう》の一つとする事業・予算を決定する運びになっています。今後の状況《じょうきょう》によって変更《へんこう》する可能性《かのうせい》があるとしつつも、特《とく》に、以下《いか》の10の目標《もくひょう》についての活動に力を入れる流れをつくると報告《ほうこく》されています。

目標《もくひょう》4(教育)
目標《もくひょう》5(ジェンダー平等)
目標《もくひょう》6(水)
目標《もくひょう》9(イノベーション、特《とく》にターゲット9.5の科学研究)
目標《もくひょう》17(「技術促進《ぎじゅつそくしん》メカニズムや発展途上国《はってんとじょうこく》のための技術《ぎじゅつ》バンク」の実施手段《じっししゅだん》も関係《かんけい》)
目標《もくひょう》11(都市、文化遺産《いさん》と自然遺産《しぜんいさん》に関《かん》するターゲット11.4や、防災《ぼうさい》に関《かん》するターゲット11.5及《およ》び11.b、包括性《ほうかつせい》に関《かん》するターゲット11.3を含《ふく》む)
目標《もくひょう》13(気候変動《きこうへんどう》)
目標《もくひょう》14(海洋)
目標《もくひょう》15(生物多様性《たようせい》)
目標《もくひょう》16(平和な社会)

グローバル・アクション・プログラム

「グローバル・アクション・プログラム」(Global Action Programme on ESD＝GAP)とは、「国連持続可能《こくれんじぞくかのう》な開発のための10年」(DESD)が2014年で終了《しゅうりょう》するにあたって、DESD後のESDの更《さら》なる推進《すいしん》・拡大《かくだい》をめざしてユネスコが提案《ていあん》したものです。

2013年の第37回ユネスコ総会《そうかい》で採択《さいたく》され、2014年11月に名古屋《なごや》で開催《かいさい》された「ESDに関《かん》するユネスコ世界会議《かいぎ》」で世界各国《かっこく》に向けて発信《はっしん》されるとともに、12月の第69回国連《こくれん》総会《そうかい》にも提案《ていあん》され、決議《けつぎ》されました。

GAPの全体目標《もくひょう》は、持続可能《じぞくかのう》な開発を加速《かそく》するために、教育・学習の全ての段階《だんかい》・分野で行動を起こし強化することにあります。その実現《じつげん》のために、GAPでは、以下《いか》の5つの「優先《ゆうせん》行動分野」を示《しめ》し、各国《かっこく》および各実践者《かくじっせんしゃ》に合意形成《けいせい》を促《うなが》しています。

① 政策的支援《せいさくてきしえん》(ESDに対する政策的支援《せいさくてきしえん》)
② 機関包括型《きかんほうかつがた》アプローチ(ESDへの包括的《ほうかつてき》取組)
③ 教育者(ESDを実践《じっせん》する教育者の育成《いくせい》)
④ ユース(ESDを通じて持続可能《じぞくかのう》な開発のための変革《へんかく》を進める若者《わかもの》の参加《さんか》の支援《しえん》)
⑤ 地域《ちいき》コミュニティ(ESDを通じた持続可能《じぞくかのう》な地域《ちいき》づくりの促進《そくしん》)

用語に着目！

ターゲット4.7にグローバル・シチズンシップという言葉が書かれていますね。この言葉は「地球市民性《しみんせい》」や「地球市民意識《しみんいしき》」などと訳《やく》されます。では、「地球市民性《しみんせい》」や「地球市民意識《しみんいしき》」という言葉は、何を表しているのか。これにも、一つの決まった解釈《かいしゃく》があるわけではありません。「地球市民性《しみんせい》」「地球市民意識《しみんいしき》」について、いくつかの表現《ひょうげん》で以下《いか》に示《しめ》します。あなたも、この言葉が意味していることを自分自身で解釈《かいしゃく》し、言葉で表してみてください。

- すべてのことがらが互《たが》いに影響《えいきょう》しあう、ひとつのシステムとして世界をとらえること。
- 地球上に住んでいる一人ひとりの決断《けつだん》が、世界中の他の人々に影響《えいきょう》を与《あた》えるのだという視点《してん》を持つこと。
- 他者との相互依存性《そうごいぞんせい》について理解《りかい》しようとし、他者への責任《せきにん》を果《は》たす役割《やくわり》を担《にな》って行動すること。

目標《もくひょう》5　ジェンダーの平等を達成《たっせい》し、すべての女性《じょせい》と女児《じょじ》のエンパワーメントを図る

(資料提供　国連広報センター)

もし、"女性《じょせい》は教育を受ける必要《ひつよう》がない"とすべての人が考えている社会で暮《く》らしているとしたら、たとえその女性《じょせい》に「学ぶ能力《のうりょく》」があったとしても、その能力《のうりょく》は活用されることはありません。ミレニアム開発目標《もくひょう》(MDGs)の下で、男女が平等に初等《しょとう》教育を受けることをはじめとして、ジェンダーの平等と女性《じょせい》のエンパワーメントに向けた前進がみられたという報告《ほうこく》があります。しかし依然《いぜん》として、世界各国《かっこく》で女性《じょせい》と女児《じょじ》は差別《さべつ》や暴力《ぼうりょく》を受けているという事実もあります。

男性《だんせい》に提供《ていきょう》されているのと同じように、女性《じょせい》や女児《じょじ》にも働《はたら》きがいがある人間らしい仕事(ディーセント・ワーク)や教育や保健医療《ほけんいりょう》が提供《ていきょう》されれば、女性《じょせい》だけでなく男性《だんせい》にとっても暮《く》らしやすい世界になるといわれています。政治的《せいじてき》・経済的《けいざいてき》な政策《せいさく》決定のプロセスに男性《だんせい》も女性《じょせい》も等しく参加《さんか》をすることで、持続可能《じぞくかのう》な経済《けいざい》が促進《そくしん》され、社会と人類《じんるい》全体が平和で豊《ゆた》かになるでしょう。ジェンダーの平等は、基本的人権《きほんてきじんけん》であるとともに、平和で豊《ゆた》か、そして持続可能《じぞくかのう》な世界に必要《ひつよう》な基盤《きばん》でもあるといえます。

※ジェンダーとは、社会的《てき》、心理的性別《てきせいべつ》のことです。

※エンパワーメントとは、人が夢《ゆめ》や希望《きぼう》を持ち、生きる力が湧きあがることです。

目標5：ジェンダー平等を達成し、すべての女性及び女児の能力強化を行う

ターゲット

5.1 あらゆる場所におけるすべての女性及び女児に対するあらゆる形態の差別を撤廃する。

5.2 人身売買や性的、その他の種類の搾取など、すべての女性及び女児に対する、公共・私的空間におけるあらゆる形態の暴力を排除する。

5.3 未成年者の結婚、早期結婚、強制結婚及び女性器切除など、あらゆる有害な慣行を撤廃する。

5.4 公共のサービス、インフラ及び社会保障政策の提供、ならびに各国の状況に応じた世帯・家族内における責任分担を通じて、無報酬の育児・介護や家事労働を認識・評価する。

5.5 政治、経済、公共分野でのあらゆるレベルの意思決定において、完全かつ効果的な女性の参画及び平等なリーダーシップの機会を確保する。

5.6 国際人口・開発会議（ICPD）の行動計画及び北京行動綱領、ならびにこれらの検証会議の成果文書に従い、性と生殖に関する健康及び権利への普遍的アクセスを確保する。

5.a 女性に対し、経済的資源に対する同等の権利、ならびに各国法に従い、オーナーシップ及び土地その他の財産、金融サービス、相続財産、天然資源に対するアクセスを与えるための改革に着手する。

5.b 女性の能力強化促進のため、ICTをはじめとする実現技術の活用を強化する。

5.c ジェンダー平等の促進、ならびにすべての女性及び女子のあらゆるレベルでの能力強化のための適正な政策及び拘束力のある法規を導入・強化する。

（外務省仮訳）

目標《もくひょう》5を読み解《と》く手がかり

ジェンダー平等と女性《じょせい》のエンパワーメントのための国連機関《こくれんきかん》に「United Nations Entity for Gender Equality and the Empowerment of Women（UN Women）」があります。2009年９月、ジェンダー関係《かんけい》の国連《こくれん》４機関《きかん》（国連婦人開発基金《こくれんふじんかいはつききん》（UNIFEM）、ジェンダー問題事務《もんだいじむ》総長特別顧問室（OSAGI）、女性《じょせい》の地位向上部《ちいこうじょうぶ》（DAW）、国際婦人調査訓練研修所《こくさいふじんちょうさくんれんけんしゅうじょ》（INSTRAW））を統合《とうごう》する新たな複合型機関《ふくごうがたきかん》として誕生《たんじょう》しました。2011年１月より正式に活動を開始しています。

主要《しゅよう》な活動は、女性《じょせい》・女児《じょじ》に対する差別《さべつ》の撤廃《てっぱい》、女性《じょせい》のエンパワーメント、男女平等の達成《たっせい》を目的《もくてき》とし、ジェンダー分野における加盟国支援《かめいこくしえん》、国連《こくれん》システムのジェンダーに関《かん》する取り組みを主導《しゅどう》、調整、促進《そくしん》することです。女性《じょせい》のエンパワーメントとは、女性《じょせい》が個人《こじん》としても、社会集団《しゃかいしゅうだん》としても意思決定過程《いしけっていかてい》に参画《さんかく》し、自律的《じりつてき》な力をつけて発揮《はっき》することをさしています。

優先分野《ゆうせんぶんや》は、⑴女性《じょせい》の参画《さんかく》の拡大《かくだい》、⑵女性《じょせい》の経済的《けいざいてき》エンパワーメントの強化、⑶女性《じょせい》に対する暴力撤廃《ぼうりょくてっぱい》、⑷平和・安全・人道的対応《じんどうてきたいおう》における女性《じょせい》のリーダーシップ、⑸政策《せいさく》・予算におけるジェンダーへの配慮《はいりょ》、⑹グローバルな規範《きはん》・政策《せいさく》・基準《きじゅん》の構築《こうちく》としています。

日本には、UN Womenが世界各地《せかいかくち》に展開《てんかい》している４つのリエゾンオフィスのうちの一つであるUN Women日本事務所《じむしょ》があります。リエゾンオフィスは、ジェンダー平等や女性《じょせい》のエンパワーメントのための政策対話《せいさくたいわ》や政策提言《せいさくていげん》、資源動員《しげんどういん》の貢献《こうけん》などにおいて、主要《しゅよう》な地域機関《ちいききかん》や国連加盟国《こくれんかめいこく》と、体系的《たいけいてき》に連携《れんけい》ができるよう設置《せっち》したものです。UN Women日本事務所《じむしょ》は、アジア地域《ちいき》で唯一《ゆいいつ》のリエゾンオフィスでもあります。

そのホームページでは、ジェンダー平等を中心課題《ちゅうしんかだい》に掲げている目標《もくひょう》５にスポットライトを当てると同時に、持続可能《じぞくかのう》な開発目標《かいはつもくひょう》（SDGs）のその他の目標《もくひょう》においても、女性《じょせい》の問題がいかに関係《かんけい》しているか、また女性《じょせい》がどのようにして各目標達成《かくもくひょうたっせい》の鍵《かぎ》となっているのかを紹介《しょうかい》しています。

女子教育とジェンダー

2012年のある日、パキスタン北部で通学バスに乗っていた15歳《さい》の少女が、イスラム原理主義組織《げんりしゅぎそしき》、パキスタン・タリバン運動（TTP）の男に銃撃《じゅうげき》されました。「女子教育を広める活動」をしていたからです。少女の名はマララ・ユスフザイさん。頭と首に銃弾《じゅうだん》を受けたマララさんは、複数回《ふくすうかい》にわたる手術《しゅじゅつ》で一命をとりとめ、治療《ちりょう》と安全確保《あんぜんかくほ》のためイギリスの病院に移《うつ》されました。回復《かいふく》したマララさんはその後もイギリスの高校で学びながら、女性《じょせい》や子どもの人権《じんけん》のための活動を続《つづ》け、2014年に史上最年少《しじょうさいねんしょう》（当時17歳《さい》）でノーベル平和賞《へいわしょう》を受賞《じゅしょう》しました。

男性優位《だんせいゆうい》の慣習《かんしゅう》が根強いパキスタン北西部の町では、女の子は年ごろになると、人前で肌《はだ》を出したり、１人で自由に外出したりすることは許《ゆる》されません。多くの女の子は学校に通えず、読み書きもできません。教育者の父親を持つマララさんは、少数派《しょうすうは》ではありましたが学校に通うことができました。ところが2007年、町を占拠《せんきょ》したTTPは女性《じょせい》が教育を受ける権利《けんり》を否定《ひてい》、学校を次々と爆破《ばくは》しました。マララさんも学校に通えなくなりました。彼女はなんとかして学校に戻《もど》りたいと、ブログを通してパキスタンの現状《げんじょう》を訴《うった》えたのです。ブログは国内外のメディアで取り上げられ、とても大きな反響《はんきょう》をよびました。その反響《はんきょう》は、命を狙《ねら》われるという現実《げんじつ》を生みました。

女の子が学校に通えない理由はいくつもあります。マララさんが生まれた町のように、慣習的《かんしゅうてき》に「女《じょ》性《せい》は教育を受けるべきではない」と考えている地域《ちいき》。また、あたりまえのこととして「家事をするのに教育は役に立たない」とか「早く結婚《けっこん》して家を守るべきだ」という差別《さべつ》意識を持つ人々。また、貧困《ひんこん》で金銭的《きんせんてき》な余裕《よゆう》がない場合「男の子を優先《ゆうせん》的に学校へ通わせる」という家庭の事情《じじょう》もあります。「女の子だから」という理由で学校に行けない、たとえ行けたとしても中等教育や高等教育には進めない。そんな国が、世界にはまだまだたくさんあるのです。

今の日本では、「女の子だから学校に行けない」ということはまずありません。しかし、４年制《せい》大学への進学率《りつ》は、2015年のデータでは男子が55%、女子が47%となっています。見方によっては、「女子に高等教育は必要《ひつよう》ではない」ととらえている人が多いともいえそうです。また、家事や育児《いくじ》はどちらかというと女性《じょせい》の仕事という考え方も残《のこ》っているようです。企業《きぎょう》のトップや国会議員《こっかいぎいん》など指導的《しどうてき》な立場に立つ女性《じょせい》の割合《わりあい》も世界の国の中では低《ひく》い方です。女性《じょせい》と男性《だんせい》に、生物学的性差《せいぶつがくてきせいさ》があるのは事実です。社会的《しゃかいてき》性差《せいさ》（ジェンダー）すなわち「女性《じょせい》（男性《だんせい》）の社会の中での役割《やくわり》」や「女性《じょせい》は（男性《だんせい》は）こうあるべき」といった考え方は、人間がつくるものです。そしてジェンダーは時代によって、文化によって変化《へんか》するものです。

自分の中にどのような“あたりまえ”があるのかを意識《いしき》したことがありますか？　「女性《じょせい》は（男性《だんせい》は）こうあるべき」といった考え方の存在《そんざい》をちょっと思い出してみることが、ジェンダーを考えるきっかけにつながっていくかもしれません。

目標《もくひょう》6　すべての人々の水と衛生《えいせい》へのアクセスと持続可能《じぞくかのう》な管《かん》理《り》を確保《かくほ》する

（資料提供　国連広報センター）

淡水《たんすい》は、私《わたし》たちの生活に欠《か》かすことができないものです。淡水《たんすい》は、さまざまな側面《そくめん》で私《わたし》たちの生活を維持《いじ》するために使われています。飲料水《いんりょうすい》、生活用水（トイレ、風呂《ふろ》など）、農業用水、工業用水などの多数の用途《ようと》で利用《りよう》していますね。

2050年までに、地球に住む４人に１人以上《いじょう》が慢性的《まんせいてき》または反復的《はんぷくてき》な水不足《ぶそく》を抱《かか》える国で暮《く》らすことになるという予測《よそく》があります。すべての人が安全な淡水《たんすい》を確保《かくほ》できない原因《げんいん》には、経済《けいざい》の悪化、有害《ゆうがい》な化学物・物質《ぶっしつ》の放出、排水処理施設《はいすいしょりしせつ》などのインフラの不備《ふび》などがあげられます。これらの原因《げんいん》によって、毎年数百万人が水不足《ぶそく》や劣悪《れつあく》な衛生状態《えいせいじょうたい》に関連《かんれん》する疾病《しっぺい》で命を失《うしな》っていて、しかもその大半は子どもです。

水は地球上を循環《じゅんかん》しています。ですから、山地、森林、河川《かせん》、湖沼《こしょう》、海、空をふくむ水に関連《かんれん》する生態系《せいたいけい》を保護《ほご》・回復《かいふく》させることが大切です。また、国境《こっきょう》や地域《ちいき》を越《こ》えて適切《てきせつ》な協力《きょうりょく》をして淡水《たんすい》の持続可能《じぞくかのう》な利用《りよう》を行っていくことも大切です。そして、すべての人々が水と衛生《えいせい》の管理《かんり》向上に意識《いしき》を向け、適切《てきせつ》に利用《りよう》、処理《しょり》をすることも必要《ひつよう》です。そのようにすることで、私《わたし》たちが創《つく》る未来《みらい》では、すべての人々が安全な水を利用《りよう》できるようになっていきます。

この目標《もくひょう》を達成《たっせい》するために今、あなた自身が取り組めることを探《さぐ》っていきましょう。

目標6：すべての人々の水と衛生の利用可能性と持続可能な管理を確保する

ターゲット

6.1 2030年までに、すべての人々の、安全で安価な飲料水の普遍的かつ衡平なアクセスを達成する。

6.2 2030年までに、すべての人々の、適切かつ平等な下水施設・衛生施設へのアクセスを達成し、野外での排泄をなくす。女性及び女児、ならびに脆弱な立場にある人々のニーズに特に注意を払う。

6.3 2030年までに、汚染の減少、投棄の廃絶と有害な化学物・物質の放出の最小化、未処理の排水の割合半減及び再生利用と安全な再利用の世界的規模で大幅に増加させることにより、水質を改善する。

6.4 2030年までに、全セクターにおいて水利用の効率を大幅に改善し、淡水の持続可能な採取及び供給を確保し水不足に対処するとともに、水不足に悩む人々の数を大幅に減少させる。

6.5 2030年までに、国境を越えた適切な協力を含む、あらゆるレベルでの統合水資源管理を実施する。

6.6 2020年までに、山地、森林、湿地、河川、帯水層、湖沼を含む水に関連する生態系の保護・回復を行う。

6.a 2030年までに、集水、海水淡水化、水の効率的利用、排水処理、リサイクル・再利用技術を含む開発途上国における水と衛生分野での活動と計画を対象とした国際協力と能力構築支援を拡大する。

6.b 水と衛生の管理向上における地域コミュニティの参加を支援・強化する。

（外務省仮訳）

目標《もくひょう》6を読《よ》み解《と》く手がかり

目標《もくひょう》6には、多くの国連機関《こくれんきかん》が関わっています。2030年までに水と衛生設備《えいせいせつび》の可用性《かようせい》と持続可能《じぞくかのう》な管理《かんり》を確保《かくほ》するために、それぞれの国連機関《こくれんきかん》が定期的《ていきてき》なモニタリングレポートを作成《さくせい》する予定になっています。また、水に関連《かんれん》する多くの国連機関《こくれんきかん》の活動を調整するために設置《せっち》された、国連水関連機関調整委員会《こくれんみずかんれんきかんちょうせいいいんかい》(UN-Water)も2018年に政治《せいじ》フォーラムを開き、深い見直しを行うことを予定しています。

2018年はまた、民間《みんかん》のシンクタンクである世界水会議《せかいみずかいぎ》(World Water Council、略称《りゃくしょう》：WWC)によって第8回「世界水フォーラム」が開催《かいさい》されます。WWCは、水企業《みずきぎょう》や水事業に従事《じゅうじ》する技術者《ぎじゅつしゃ》、学者、NGO、そして国際連合機関《こくさいれんごうきかん》等からの参加《さんか》で世界の水政策《みずせいさく》について議論《ぎろん》することを目的《もくてき》とする国際組織《こくさいそしき》です。国際連合《こくさいれんごう》が主催《しゅさい》する会議《かいぎ》ではありませんが、各国《かっこく》の政府関係者《せいふかんけいしゃ》や政府《せいふ》代表も多数参加《さんか》し、閣僚宣言《かくりょうせんげん》も出されることから、世界の水問題とその政策《せいさく》に関《かん》する議論《ぎろん》に大きな影響《えいきょう》をおよぼしています。

2018年は「地球の未来《みらい》の水」について考える、大きな転換点《てんかんてん》となるかもしれません。「地球は青かった」は、1961年に人類《じんるい》として初《はじ》めて宇宙《うちゅう》空間から地球を見たときの言葉です。宇宙《うちゅう》から見た地球は、豊《ゆた》かな水によって青く見えたのです。「豊《ゆた》かな水の惑星《わくせい》」における深刻《しんこく》な問題に私《わたし》たちはどのように向き合っていくことができるのでしょうか？

「蛇口《じゃぐち》をひねれば水が出る」のが、日本に住む私《わたし》たちの日常《にちじょう》です。

その水はどこから来て、どこを通って、どこに行くのでしょうか？　汚《よご》れた水がそのまま川や海に流れ出たら…？　未来《みらい》の地球はどのようになっていくのでしょうか？

こんな問いに向き合っていくきっかけになるのが『環境《かんきょう》を考えるBOOK②　水から始まるお話』です。ぜひ、手にとって、水という視点《してん》から地球の未来《みらい》を考えるきっかけにしてください。

日本が1年間に輸入《ゆにゅう》しているバーチャルウォーター（仮想水《かそうすい》）

日本の仮想水《かそうすい》総《そう》輸入《ゆにゅう》量《りょう》（工業用水をふくむ）

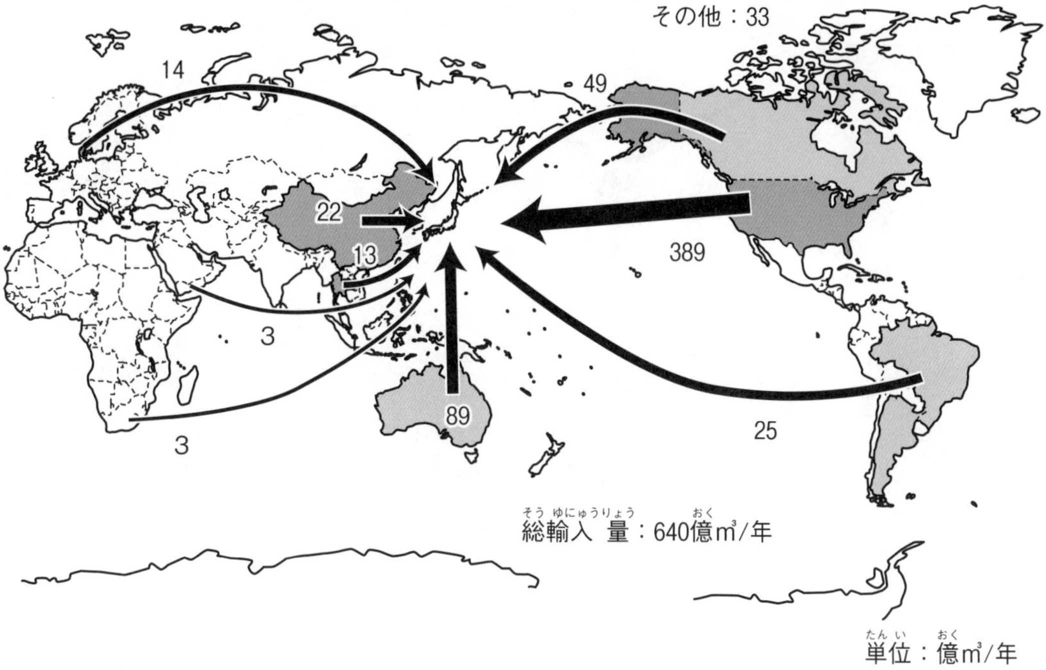

（注）「日本が輸入《ゆにゅう》している穀物《こくもつ》、肉類《にくるい》、工業製品《せいひん》を自国で生産《せいさん》するのにどの程度《ていど》の水資源《しげん》が必要《ひつよう》であるか」に関《かん》して、2000年度の輸入《ゆにゅう》統計《とうけい》に基《もと》づいて算定。

（環境省ホームページより作成）

用語に着目！

目標《もくひょう》6ターゲット6.1に「安全で安価《あんか》な飲料水《いんりょうすい》」という表現《ひょうげん》があります。どのような飲料水《いんりょうすい》が安全で安価《あんか》か、定めることは難《むずか》しいことです。国、地域《ちいき》ごとによっても、異《こと》なってくるでしょう。日本ユニセフ協会《きょうかい》が発行した、『世界子供白書《せかいこどもはくしょ》　2014　統計《とうけい》編』に掲載《けいさい》されている保健指標《ほけんしひょう》に、改善《かいぜん》された飲料水《いんりょうすい》を利用《りよう》する人の割合《わりあい》が国ごとに示《しめ》されていました。この資料《しりょう》では、改善《かいぜん》された飲料水《いんりょうすい》を利用《りよう》する人の割合《わりあい》を次のように定めています。

　主要《しゅよう》な飲料水《いんりょうすい》の水源《すいげん》として以下《いか》のいずれかを利用《りよう》している人の割合《わりあい》。家屋や土地、庭、近隣《きんりん》の庭の水道管《すいどうかん》からひかれた水、公共《こうきょう》の蛇口《じゃぐち》、配水塔《はいすいとう》、掘《ほ》り抜《ぬ》き井戸《いど》、掘削孔《くっさくこう》、保護《ほご》された掘《ほ》り井戸《いど》、湧水《ゆうすい》や雨水、容器《ようき》に入った水に加《くわ》え、上記のいずれかの水源《すいげん》を第二次水源《だいにじすいげん》として利用《りよう》している。

「安全で安価《あんか》な飲料水《いんりょうすい》」としてあなたが想像《そうぞう》したものは、どのような飲料水《いんりょうすい》でしたか？

目標《もくひょう》7　すべての人々に手ごろで信頼《しんらい》でき、持続可能《じぞくかのう》かつ近代的《てき》なエネルギーへのアクセスを確保《かくほ》する

7 AFFORDABLE AND CLEAN ENERGY

7 エネルギーをみんなに そしてクリーンに

（資料提供　国連広報センター）

熱《ねつ》を出す、光る、動く、音を出す、みんなエネルギーが必要《ひつよう》です。私《わたし》たちの生活は、エネルギーに支《ささ》えられています。エネルギーがなければ、工場で働《はたら》くことも、いろいろな場所に素《す》早《ばや》く移動《いどう》することも、畑でできた作物を刈《か》り取り、運ぶこともむずかしくなります。すべての人々が豊《ゆた》かに生活するためには、エネルギーが大量《たいりょう》に必要《ひつよう》となるでしょう。しかし、多くの場合エネルギーを大量《たいりょう》につくることは、二酸化炭素《にさんかたんそ》を大量《たいりょう》に発生させることにもつながり、温暖化《おんだんか》などの気候変動《きこうへんどう》にも影響《えいきょう》をおよぼします。

世界中のどの場所にいてもエネルギーを使える状態《じょうたい》にするためには、エネルギーを生み出す原料の値段《ねだん》が安い必要《ひつよう》があります。石油だけを使ってエネルギーをつくると、石油の値段《ねだん》が高くなったり、地球の環境《かんきょう》が悪くなったりします。ですから、いろいろな方法《ほうほう》でエネルギーをつくる必要《ひつよう》があるでしょう。地球の環境《かんきょう》に与《あた》える影響《えいきょう》が少ないエネルギーの作り方を開発する必要《ひつよう》があります。また、効率《こうりつ》のよいエネルギーの作り方も必要《ひつよう》となるでしょう。

新しい効率《こうりつ》のよいエネルギーの作り方を開発するためには、たくさんのお金が必要《ひつよう》となります。すると、エネルギーを生み出す原料の値段《ねだん》が高くなります。

どのようにすれば、値段《ねだん》が安く、地球の環境《かんきょう》に与《あた》える影響《えいきょう》が少ないエネルギーを世界のさまざまな場所に住む人々が使えるようになるでしょうか。

目標7：すべての人々の、安価かつ信頼できる持続可能な近代的エネルギーへのアクセスを確保する

ターゲット

7.1　2030年までに、安価かつ信頼できる現代的エネルギーサービスへの普遍的アクセスを確保する。

7.2　2030年までに、世界のエネルギーミックスにおける再生可能エネルギーの割合を大幅に拡大させる。

7.3　2030年までに、世界全体のエネルギー効率の改善率を倍増させる。

7.a　2030年までに、再生可能エネルギー、エネルギー効率及び先進的かつ環境負荷の低い化石燃料技術などのクリーンエネルギーの研究及び技術へのアクセスを促進するための国際協力を強化し、エネルギー関連インフラとクリーンエネルギー技術への投資を促進する。

7.b　2030年までに、各々の支援プログラムに沿って開発途上国、特に後発開発途上国及び小島嶼開発途上国、内陸開発途上国のすべての人々に現代的で持続可能なエネルギーサービスを供給できるよう、インフラ拡大と技術向上を行う。

（外務省仮訳）

7 エネルギーをみんなに そしてクリーンに

目標《もくひょう》7を読《よ》み解《と》く手がかり

2004年、「国連《こくれん》一エネルギー(UN-Energy)」は、エネルギーの分野における主要《しゅよう》な機関《きかん》間メカニズムとして国連《こくれん》システム事務局長調整委員会《じむきょくちょうちょうせいいいんかい》によって設置《せっち》されました。持続可能《じぞくかのう》な開発に関《かん》する国際首脳会議《こくさいしゅのうかいぎ》に対して国連《こくれん》システムのさまざまな機関《きかん》がつながりあって、一貫《いっかん》したサポートを行えるようにすることが目的《もくてき》です。また、民間《みんかん》セクターや非政府組織《ひせいふそしき》が、首脳会議《しゅのうかいぎ》のエネルギー関連《かんれん》の決定を実施《じっし》するにあたって、効果的《こうかてき》に活動に関《かか》われるようなサポートをすることをその任務《にんむ》としています。

UN-Energyのメンバーには、次の機関《きかん》が名を連《つら》ねています。

食糧農業機関《しょくりょうのうぎょうきかん》　国際原子力機関《こくさいげんしりょくきかん》　地球環境《ちきゅうかんきょう》ファシリティ
国際連合国際調査訓練研究所《こくさいれんごうこくさいちょうさくんれんけんきゅうじょ》　国連貿易開発会議《こくれんぼうえきかいはつかいぎ》　国連経済社会省《こくれんけいざいしゃかいしょう》
国連開発計画《こくれんかいはつけいかく》　国連《こくれん》アジア太平洋経済社会委員会《たいへいようけいざいしゃかいいいんかい》
国連《こくれん》アフリカ経済委員会《けいざいいいんかい》　国連欧州経済委員会《こくれんおうしゅうけいざいいいんかい》
国連《こくれん》ラテンアメリカ・カリブ海経済委員会《かいけいざいいいんかい》
国連教育科学文化機関《こくれんきょういくかがくぶんかきかん》　国連環境計画《こくれんかんきょうけいかく》
国連気候変動枠組条約《こくれんきこうへんどうわくぐみじょうやく》　国連人間決済《こくれんにんげんけっさい》プログラム
国連工業開発機関《こくれんこうぎょうかいはつきかん》　国連《こくれん》システムチーフエグゼクティブボード事務局《じむきょく》
世界銀行グループ　世界保健機関《せかいほけんきかん》　世界気象機関《せかいきしょうきかん》

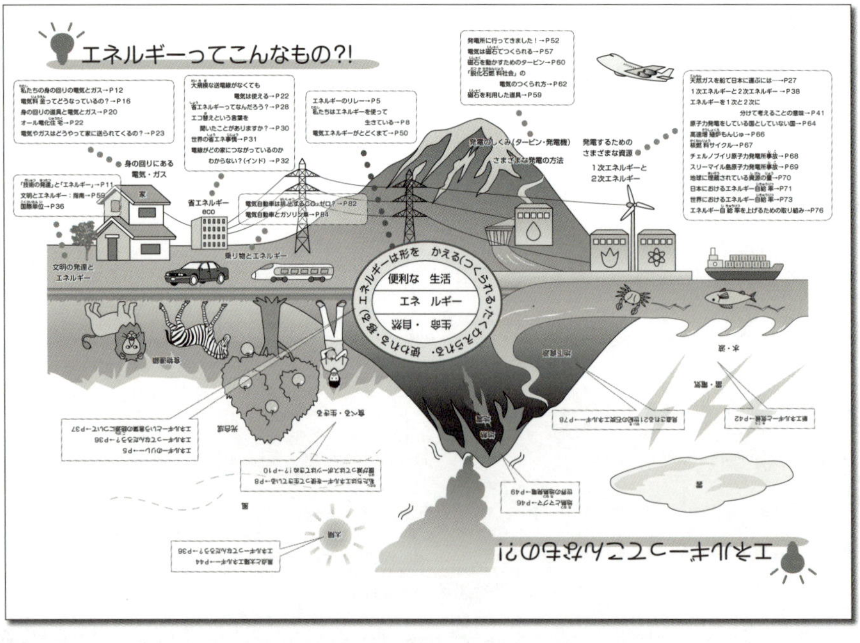

この写真は、NASAの気象《きしょう》衛星《えいせい》から見た夜の地球の画像《がぞう》です。この写真からは、現代《げんだい》の暮《く》らしがいかにエネルギーに頼《たよ》ったものかを見てとることができます。

世界の中でも、アメリカや日本、ヨーロッパの地域《ちいき》は、夜の電気《でんき》照明《しょうめい》がとても目立ちます。この写真の明かりの中には、家や街《まち》の照明《しょうめい》、車のライトなど、さまざまな明かりがふくまれています。エネルギー資源《しげん》には限《かぎ》りがあるからといって、文明が発達《はったつ》していない大昔の時代と同じようなエネルギー使用量《りょう》で暮《く》らすことには、無理《むり》があります。

明かりの灯《とも》っていない地域《ちいき》にも、多くの人々が暮《く》らしています。その人々がアメリカや日本、ヨーロッパの地域《ちいき》の人々と同じようにたくさんのエネルギーを使って生活することは、地球上の資源《しげん》の限界《げんかい》を考えると難《むずか》しいでしょう。

エネルギーになる資源《しげん》には限《かぎ》りがあることを知った上で、文明が発達《はったつ》した現代《げんだい》の生活を保《たも》ちながら、現代《げんだい》の生活を未来《みらい》へとつなげていくために、「持続可能《じぞくかのう》な社会づくり」という視点《してん》を持って考え、行動し続《つづ》けていきましょう。

『環境《かんきょう》を考えるBOOK③　エネルギーから始まるお話』には、目標《もくひょう》7を考えるための手がかりが書かれています。

目標《もくひょう》8　すべての人々のための持続的《じぞくてき》、包摂的《ほうせつてき》かつ持続可能《じぞくかのう》な経済成長《けいざいせいちょう》、生産的《せいさんてき》な完全雇用《かんぜんこよう》およびディーセント・ワークを推進《すいしん》する

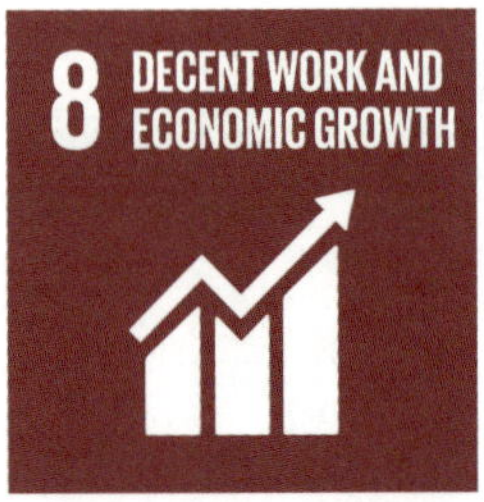

（資料提供　国連広報センター）

持続可能《じぞくかのう》な経済成長《けいざいせいちょう》を実現《じつげん》するためには、世界中のすべての人々が経済《けいざい》の活性化《かっせいか》につながるような働《はたら》き方をする必要《ひつよう》があります。このとき、経済《けいざい》が活性化《かっせいか》しさえすればよいという論理《ろんり》でものごとをとらえてはなりません。目先の経済発展《けいざいはってん》を優先《ゆうせん》して自然環境《しぜんかんきょう》を破壊《はかい》してしまったら、持続可能《じぞくかのう》な成長《せいちょう》はありえません。これは多くの先進国が経験《けいけん》し、失敗《しっぱい》から学んできたことです。また、経済的《けいざいてき》な効率《こうりつ》のよさが、一部の人たちが劣悪《れつあく》な労働環境《ろうどうかんきょう》に耐《た》えることによって支《ささ》えられているのであれば、それはやがて大きなひずみや格差《かくさ》につながり、持続可能《じぞくかのう》な社会をつくることにはつながりません。途上国《とじょうこく》では強制労働《きょうせいろうどう》や人身取引、児童労働《じどうろうどう》の問題も深刻《しんこく》です。こうした労働《ろうどう》を根絶《こんぜつ》するための、緊急《きんきゅう》で効果的《こうかてき》な取り組みが求《もと》められています。

ディーセント・ワークとは「働《はたら》きがいのある人間らしい仕事」という意味です。仕事があっても貧困《ひんこん》から脱出《だっしゅつ》することができない、仕事があっても人としての尊厳《そんげん》を失《うしな》いかねないきびしい状況《じょうきょう》にあるという問題は、途上国《とじょうこく》にも先進国にも共通《きょうつう》して存在《そんざい》する問題です。ディーセント・ワークを推進《すいしん》するためには、雇用《こよう》を創出《そうしゅつ》することはもちろん、経済《けいざい》や社会のしくみそのものを見直し、改革《かいかく》する必要《ひつよう》がありそうです。

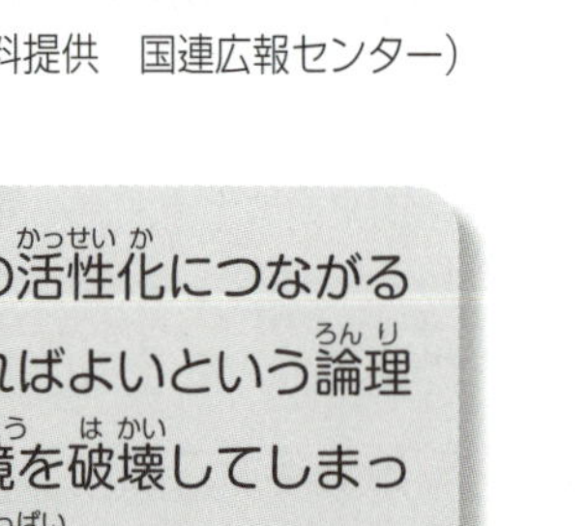

目標８：包摂的かつ持続可能な経済成長及びすべての人々の完全かつ生産的な雇用と働きがいのある人間らしい雇用（ディーセント・ワーク）を促進する

ターゲット

8.1　各国の状況に応じて、一人当たり経済成長率を持続させる。特に後発開発途上国は少なくとも年率７％の成長率を保つ。

8.2　高付加価値セクターや労働集約型セクターに重点を置くことなどにより、多様化、技術向上及びイノベーションを通じた高いレベルの経済生産性を達成する。

8.3　生産活動や適切な雇用創出、起業、創造性及びイノベーションを支援する開発重視型の政策を促進するとともに、金融サービスへのアクセス改善などを通じて中小零細企業の設立や成長を奨励する。

8.4　2030年までに、世界の消費と生産における資源効率を漸進的に改善させ、先進国主導の下、持続可能な消費と生産に関する10年計画枠組みに従い、経済成長と環境悪化の分断を図る。

8.5　2030年までに、若者や障害者を含むすべての男性及び女性の、完全かつ生産的な雇用及び働きがいのある人間らしい仕事、ならびに同一労働同一賃金を達成する。

8.6　2020年までに、就労、就学及び職業訓練のいずれも行っていない若者の割合を大幅に減らす。

8.7　強制労働を根絶し、現代の奴隷制、人身売買を終らせるための緊急かつ効果的な措置の実施、最悪な形態の児童労働の禁止及び撲滅を確保する。2025年までに児童兵士の募集と使用を含むあらゆる形態の児童労働を撲滅する。

8.8　移住労働者、特に女性の移住労働者や不安定な雇用状態にある労働者など、すべての労働者の権利を保護し、安全・安心な労働環境を促進する。

8.9　2030年までに、雇用創出、地方の文化振興・産品販促につながる持続可能な観光業を促進するための政策を立案し実施する。

8.10　国内の金融機関の能力を強化し、すべての人々の銀行取引、保険及び金融サービスへのアクセスを促進・拡大する。

8.a　後発開発途上国への貿易関連技術支援のための拡大統合フレームワーク（EIF）などを通じた支援を含む、開発途上国、特に後発開発途上国に対する貿易のための援助を拡大する。

8.b　2020年までに、若年雇用のための世界的戦略及び国際労働機関（ILO）の仕事に関する世界協定の実施を展開・運用化する。

（外務省仮訳）

目標《もくひょう》8を読《と》み解く手がかり

国際労働機関《こくさいろうどうきかん》(ILO)は、1919年に設立《せつりつ》され、1946年に国連《こくれん》の最初《さいしょ》の専門機関《せんもんきかん》となりました。社会正義《せいぎ》と人権《じんけん》および労働権《ろうどうけん》を推進《すいしん》する組織《そしき》です。国際機関《こくさいきかん》の中でもユニークな存在《そんざい》で、労働者《ろうどうしゃ》と雇《やと》い主《ぬし》の代表が政府《せいふ》代表と平等の発言権《はつげんけん》を持つ組織《そしき》です。ILOは「Decent Work for All(すべての人にディーセント・ワークを)」の実現《じつげん》を目指して活動しています。

英語のdecent(ディーセント)は「まともな」「きちんとした」「適正《てきせい》な」という意味を持ちます。“まともな”という言葉から、何を思いうかべますか？　また、仕事を“まとも”と“まともでない”に分けるとき、何が境《さか》い目になりますか？　仕事の内容・働き方・報酬等でしょうか？

「ディーセント・ワーク」は「働《はたら》きがいのある人間らしい仕事」と訳《やく》されている概念《がいねん》で、1999年のILO総会《そうかい》において提唱《ていしょう》されました。そのときの報告《ほうこく》では次のように記述《きじゅつ》されています。

「ディーセント・ワークとは、権利《けんり》が保障《ほしょう》され、十分な収入《しゅうにゅう》を生み出し、適切《てきせつ》な社会的保護《しゃかいてきほご》が与《あた》えられる生産的《せいさんてき》な仕事を意味します。それはまた、すべての人が収入《しゅうにゅう》を得《え》るのに十分な仕事があることです。」

ディーセント・ワークの実現《じつげん》や推進《すいしん》を目指すILOの活動は、SDGsの目標《もくひょう》8にもっとも深く関係《かんけい》しています。そして、そのほかの目標《もくひょう》や、目標《もくひょう》をより具体的《ぐたいてき》にしたターゲットにも広くつながっています。

たとえば、「目標《もくひょう》2　飢餓《きが》を終わらせ、食料安全保障及《しょくりょうあんぜんほしょうおよ》び栄養改善《えいようかいぜん》を実現《じつげん》し、持続可能《じぞくかのう》な農業《のうぎょう》を促進《そくしん》する」では、「2.3　小規模食料生産者《しょうきぼしょくりょうせいさんしゃ》の農業生産性及《のうぎょうせいさんせいおよ》び所得《しょとく》を倍増《ばいぞう》させる。」と、「2.4　生産性《せいさんせい》を向上させ、生産量《せいさんりょう》を増《ふ》やすような強靭《きょうじん》(レジリエント)な農業《のうぎょう》を実践《じっせん》する。」というターゲットが農業《のうぎょう》にたずさわる人の労働《ろうどう》、という点でとくに関係《かんけい》しています。

このほかにも、次のアイコンでしめされた目標《もくひょう》や、そのなかのターゲットは、ILOの活動と関連《かんれん》すると位置付《いちづ》けられています。

あなたはこれらの目標《もくひょう》やそのターゲットと、ILOの活動との間に、どのような関連《かんれん》を見出しますか？

1.1　1.2　1.3
1.4　1.5　1.b

2.3　2.4

3.3　3.8　3.9

4.4　4.5　4.b
4.c

5.1　5.2　5.4
5.5　5.a　5.c

6.3

7.1　7.2　7.b

9.1　9.2　9.3

10.1　10.2　10.3
10.4　10.5　10.6
10.7　10.c

11.1　11.2　11.c

12.1　12.4　12.6
12.a　12.b

13.1

14.4　14.6　14.7

15.b

16.2　16.3　16.6
16.7　16.8　16.10
16.a　16.b

17.9　17.13　17.14
17.17　17.18

それぞれの目標ごとに、目標8との結びつきの強さに違いがあるようですね。その違いはどこからうまれてくるのでしょう。

目標《もくひょう》9　レジリエントなインフラを整備《せいび》し、包摂的《ほうせつてき》で持続可能《じぞくかのう》な産業化《さんぎょうか》を推進《すいしん》するとともに、イノベーションの拡大《かくだい》を図る

（資料提供　国連広報センター）

農地に水を供給《きょうきゅう》するしくみがある、人やものを輸送《ゆそう》する手段《しゅだん》が整っている、電気・ガスなどのエネルギーが使える、必要《ひつよう》なときに必要《ひつよう》な情報《じょうほう》にアクセスできる。このようにインフラが整備《せいび》されることは、その国や地域《ちいき》の産業化《さんぎょうか》、経済発展《けいざいはってん》に欠《か》かせません。そして、そこに住む人々の生活水準《すいじゅん》を向上させることとも密接《みっせつ》につながっています。

産業化《さんぎょうか》という視点《してん》で見ると、2015年の時点で、後発開発途上国《とじょうこく》（LDCs）における１人当たりの製造《せいぞう》業付加価値《ふかかち》は、１年間で100ドルに満《み》たないのに対し、先進地域《ちいき》では5000ドル近くにも達《たっ》しています。LDCsの国々が、先進地域《ちいき》が過去《かこ》におかした環境破壊《かんきょうはかい》などの過《あやま》ちをくり返すことなく、持続可能《じぞくかのう》な産業化《さんぎょうか》を実現《じつげん》するためには、先進地域《ちいき》がつちかってきた技術《ぎじゅつ》面の支援《しえん》が有効《ゆうこう》です。先進地域《ちいき》もまた、さらなるイノベーション（技術革新《ぎじゅつかくしん》）を促進《そくしん》させ、資源《しげん》を効率《こうりつ》的《てき》に利用《りよう》すること、さまざまな場面で省《しょう》エネルギーを実現《じつげん》することを実行していかなければなりません。

情報通信《じょうほうつうしん》インフラに関《かん》しては、第３世代（3G）のモバイルブロードバンドは、2015年の時点で都市人口の89%に普及《ふきゅう》していますが、農村部での普及率《ふきゅうりつ》は29%にすぎません。ITを利用《りよう》したり使いこなしたりできる人と、そうでない人の間に生じる格差《かくさ》をせばめるために、どのようなことができるでしょうか。

目標9：強靱（レジリエント）なインフラ構築、包摂的かつ持続可能な産業化の促進及びイノベーションの推進を図る

ターゲット

9.1 すべての人々に安価で公平なアクセスに重点を置いた経済発展と人間の福祉を支援するために、地域・越境インフラを含む質の高い、信頼でき、持続可能かつ強靱（レジリエント）なインフラを開発する。

9.2 包摂的かつ持続可能な産業化を促進し、2030年までに各国の状況に応じて雇用及びGDPに占める産業セクターの割合を大幅に増加させる。後発開発途上国については同割合を倍増させる。

9.3 特に開発途上国における小規模の製造業その他の企業の、安価な資金貸付などの金融サービスやバリューチェーン及び市場への統合へのアクセスを拡大する。

9.4 2030年までに、資源利用効率の向上とクリーン技術及び環境に配慮した技術・産業プロセスの導入拡大を通じたインフラ改良や産業改善により、持続可能性を向上させる。すべての国々は各国の能力に応じた取組を行う。

9.5 2030年までにイノベーションを促進させることや100万人当たりの研究開発従事者数を大幅に増加させ、また官民研究開発の支出を拡大させるなど、開発途上国をはじめとするすべての国々の産業セクターにおける科学研究を促進し、技術能力を向上させる。

9.a アフリカ諸国、後発開発途上国、内陸開発途上国及び小島嶼開発途上国への金融・テクノロジー・技術の支援強化を通じて、開発途上国における持続可能かつ強靱（レジリエント）なインフラ開発を促進する。

9.b 産業の多様化や商品への付加価値創造などに資する政策環境の確保などを通じて、開発途上国の国内における技術開発、研究及びイノベーションを支援する。

9.c 後発開発途上国において情報通信技術へのアクセスを大幅に向上させ、2020年までに普遍的かつ安価なインターネット・アクセスを提供できるよう図る。

（外務省仮訳）

9 産業と技術革新の基盤をつくろう

目標《もくひょう》9を読《よ》み解《と》く手がかり

目標《もくひょう》9の理解をすすめていくために、SDGsとMDGsを比較《ひかく》してみましょう。MDGsは、8つの目標《もくひょう》、21のターゲットで成《な》り立《た》っていました。それがSDGsにおいては、17のゴール、169のターゲットになりました。それらの関係《かんけい》は、次のように整理できるといわれています。

MDGs	
目標1	貧困と飢餓の撲滅（3）
目標2	初等教育の完全普及（1）
目標3	ジェンダー平等と女性の地位向上（1）
目標4	乳幼児死亡率の削減（1）
目標5	妊産婦の健康の改善（2）
目標6	HIV／エイズ、結核、感染症蔓延防止（3）
目標7	環境の持続可能性（4）
目標8	パートナーシップ（6）

SDGs	
目標1	貧困根絶（7）
目標2	飢餓撲滅（8）
目標3	健康と福祉（13）
目標4	質の高い教育（10）
目標5	ジェンダー平等（9）
目標6	水と衛生（8）
目標7	クリーンエネルギー（5）
目標8	適切な雇用・経済成長（12）
目標9	産業、技術革新、社会基盤（8）
目標10	格差是正（10）
目標11	持続可能な都市・コミュニティ（10）
目標12	責任ある生産と消費（11）
目標13	気候変動への対応（5）
目標14	海洋資源の保全（10）
目標15	陸域生態系の保全（12）
目標16	平和、法の正義、有効な制度（12）
目標17	パートナーシップ（19）

注意：カッコ内の数値《すうち》はターゲット数
矢印（→）はMDGsの目標《もくひょう》とSDGsの目標《もくひょう》の関連性《かんれんせい》を示《しめ》したもの
SDGsの中で網掛《あみか》けされた目標《もくひょう》は、MDGsに対応《たいおう》するものがない目標《もくひょう》　（出所：国連資料《こくれんしりょう》を基《もと》に富士通総研作成《ふじつうそうけんさくせい》）

MDGsをみると、一つひとつの目標《もくひょう》が明確《めいかく》かつ簡潔《かんけつ》に表現《ひょうげん》されていたので、理解《りかい》しやすい構造《こうぞう》でした。具体的であり、いずれも重要《じゅうよう》かつ緊急《きんきゅう》な課題《かだい》で、実際《じっさい》に行動を起こすときには優先順位《ゆうせんじゅんい》を定めることが難《むずか》しく、そのため、一つの目標《もくひょう》だけに力を入れるとか、目標《もくひょう》に向けて大きく動くことがやりにくい状況《じょうきょう》を招《まね》いたという意見があります。

その点でいえば、MDGsより複雑化《ふくざつか》したようにみえるSDGsは、よくよくみると次のような構造《こうぞう》でとらえることができるとする見方もあります。

17のゴールのうち、持続可能性《じぞくかのうせい》について記している目標《もくひょう》は10個《こ》(目標《もくひょう》1、2、3、4、5、6、7、10、11、16)です。また、持続可能性《じぞくかのうせい》に焦点《しょうてん》をしぼっている目標《もくひょう》が４個《こ》(目標《もくひょう》12、13、14、15)です。そして、それらの目標《もくひょう》を達成《たっせい》するための手段《しゅだん》ともいえる目標《もくひょう》が３個《こ》(目標《もくひょう》8、９、17)です。特《とく》にこの手段《しゅだん》としての３つの目標《もくひょう》のうち、目標《もくひょう》8、９は経済成長《けいざいせいちょう》と開発の達成方法《たっせいほうほう》に明《めい》確《かく》に関連《かんれん》し、目標《もくひょう》17はすべての目標《もくひょう》を達成《たっせい》するための手段《しゅだん》であるといいます。

他にも17のゴールの構造《こうぞう》は、いろいろなとらえ方ができそうです。みなさんは、MDGsとSDGsの目標《もくひょう》やターゲットを見比《みくら》べたとき、どのような関係《かんけい》を発見できますか？　また、SDGsの目標《もくひょう》とターゲットの相互関係《そうごかんけい》に目を向けたとき、それぞれのつながりや矛盾《むじゅん》はどのようになっていくと分析《ぶんせき》しますか？

目標《もくひょう》10　国内および国家間の不平等《ふびょうどう》を是正《ぜせい》する

（資料提供　国連広報センター）

国家間の経済的《けいざいてき》な格差《かくさ》は、現在《げんざい》、小さくなる傾向《けいこう》にあります。貧困《ひんこん》問題がとくに深刻《しんこく》なのは、後発開発途上国《とじょうこく》、内陸《ないりく》開発途上国《とじょうこく》、小島嶼《しょうとうしょ》開発途上国《とじょうこく》といった国々ですが、こうした地域《ちいき》でも貧困率《ひんこんりつ》は少しずつ下がってきています。しかし、不平等《ふびょうどう》が解消《かいしょう》されているわけではありません。保健《ほけん》や教育、その他のサービスを受けられる機会《きかい》という点では、まだまだ大きな格《かく》差《さ》が残《のこ》っています。

国家間の経済的《けいざいてき》な格差《かくさ》が小さくなる一方で、各国《かっこく》の国内では不平等《ふびょうどう》が拡大《かくだい》している現状《げんじょう》があります。国によって、不平等《ふびょうどう》の中身はことなりますが、拡大《かくだい》しているという状況《じょうきょう》は共通《きょうつう》しています。たとえば、日本では、少子化で子どもの数が減少《げんしょう》しているにもかかわらず、生活保護費以下《ほごひいか》の収入《しゅうにゅう》で暮《く》らす子育て世帯《せたい》が過去《かこ》20年で倍増《ばいぞう》したことが2016年に新聞で報道《ほうどう》されました。また、2014年の調査《ちょうさ》で所得格差《しょとくかくさ》を示《しめ》す「ジニ係数」が過去最大《かこさいだい》になったことも発表されました。ある一部の産業《さんぎょう》や分野にのみ関係《かんけい》する経済《けいざい》が成長《せいちょう》している場合、貧困《ひんこん》は解消《かいしょう》されず、格差《かくさ》が広がる傾向《けいこう》になるようです。

また、所得《しょとく》の不平等《ふびょうどう》だけでなく、性別《せいべつ》、年齢《ねんれい》、障害《しょうがい》、人種《じんしゅ》、民族《みんぞく》、宗教《しゅうきょう》などに基《もと》づく不平等《ふびょうどう》もあります。これらの不平等《ふびょうどう》をどのように解消《かいしょう》していくかも、私《わたし》たちにとっての大きな課題《かだい》です。

どうすれば、このような不平等《ふびょうどう》を解消《かいしょう》していくことができるでしょうか。

目標10：各国内及び各国間の不平等を是正する

ターゲット

10.1　2030年までに、各国の所得下位40%の所得成長率について、国内平均を上回る数値を漸進的に達成し、持続させる。

10.2　2030年までに、年齢、性別、障害、人種、民族、出自、宗教、あるいは経済的地位その他の状況に関わりなく、すべての人々の能力強化及び社会的、経済的及び政治的な包含を促進する。

10.3　差別的な法律、政策及び慣行の撤廃、ならびに適切な関連法規、政策、行動の促進などを通じて、機会均等を確保し、成果の不平等を是正する。

10.4　税制、賃金、社会保障政策をはじめとする政策を導入し、平等の拡大を漸進的に達成する。

10.5　世界金融市場と金融機関に対する規制とモニタリングを改善し、こうした規制の実施を強化する。

10.6　地球規模の国際経済・金融制度の意思決定における開発途上国の参加や発言力を拡大させることにより、より効果的で信用力があり、説明責任のある正当な制度を実現する。

10.7　計画に基づき良く管理された移民政策の実施などを通じて、秩序のとれた、安全で規則的かつ責任ある移住や流動性を促進する。

10.a　世界貿易機関（WTO）協定に従い、開発途上国、特に後発開発途上国に対する特別かつ異なる待遇の原則を実施する。

10.b　各国の国家計画やプログラムに従って、後発開発途上国、アフリカ諸国、小島嶼開発途上国及び内陸開発途上国を始めとする、ニーズが最も大きい国々への、政府開発援助（ODA）及び海外直接投資を含む資金の流入を促進する。

10.c　2030年までに、移住労働者による送金コストを３%未満に引き下げ、コストが５%を越える送金経路を撤廃する。

（外務省仮訳）

目標《もくひょう》10を読み解《と》く手がかり

『ブリタニカ国際《こくさい》百科大辞典《だいじてん》』で「平等」を調べると、「人間は、人種《じんしゅ》、信条《しんじょう》、性別《せいべつ》、門地・社《しゃ》会的《かいてき》身分などの違《ちが》いにかかわりなく、個人相互《こじんそうご》の間において、人間としての価値《かち》に差異《さい》はないという思想。古代ギリシアにおいてソフィストは人間としての平等を主張《しゅちょう》し、プラトンは経済的《けいざいてき》平等の実現《じつげん》する理想国を夢《ゆめ》み、ローマにおいてストア派《は》は自然法《しぜんほう》のもとで、万人は平等であると考えた。」とあります。

「目標《もくひょう》10　国内及《およ》び国家間の不平等《ふびょうどう》を是正《ぜせい》する」がかかげられたということは、残念《ざんねん》ながら私《わたし》たちの住む世界は、古代ギリシアからの願いが実現《じつげん》していない状態《じょうたい》にあることを意味しています。私《わたし》たちの日常《にちじょう》をふり返ったとき、どのようなときにどのようなことに不平等《ふびょうどう》を感じますか？

2015年、トマ・ピケティの『21世紀《せいき》の資本《しほん》』という700ページを超《こ》える経済書《けいざいしょ》が日本でブームになりました。著者《ちょしゃ》は、20カ国以上《いじょう》の実際《じっさい》のデータを３世紀《せいき》分に渡《わた》って収集《しゅうしゅう》・分析《ぶんせき》し、「格差《かくさ》は拡《かく》大《だい》している」といいました。そして、この格差《かくさ》を是正《ぜせい》するためには「富裕層《ふゆうそう》の所得《しょとく》と資産《しさん》に高い税金《ぜいきん》をかけて奪《うば》い取れば不平等《ふびょうどう》は解決《かいけつ》する」と述《の》べています。この本がブームになったのは、人々が日常《にちじょう》生活の中で経済的《けいざいてき》な「格差《かくさ》」を身近に感じるようになったからかもしれません。「格差《かくさ》」という概念《がいねん》は、「平等」という概念《がいねん》の対《つい》になるもので、不平等《ふびょうどう》な状態《じょうたい》を表す言葉です。

所得格差《しょとくかくさ》を示《しめ》す指標《しひょう》に、「ジニ係数」というものがあります。これは『21世紀《せいき》の資本《しほん》』の中でも使われていたもので、主に社会における所得《しょとく》分配の不平等《ふびょうどう》さを測《はか》る指標《しひょう》です。

「ジニ係数」は、０～１の間の数値《すうち》で示《しめ》される係数で、「０」が完全《かんぜん》平等な世界を示《しめ》します。一方、「１」が一人の人間にすべての所得《しょとく》が集中している状態《じょうたい》を示《しめ》します。つまり、数値《すうち》が「０」に近いほど格差《かくさ》が少ない状態《じょうたい》であることを意味しています。ちなみに、「0.4」になると社会騒乱《そうらん》が起こるレベル、「0.6」になると暴動《ぼうどう》が起こるレベルといわれています。

ピケティの言葉をかりれば、「富裕層《ふゆうそう》の所得《しょとく》と資産《しさん》に高い税金《ぜいきん》をかけて奪《うば》い取れば不平等《ふびょうどう》は解決《かいけつ》する」となりますが、世界にある不平等《ふびょうどう》は経済的格差《けいざいてきかくさ》だけではありません。性別《せいべつ》、年齢《ねんれい》、障害《しょうがい》、人種《じんしゅ》、民族《みんぞく》、宗教《しゅうきょう》などにもとづく不平等《ふびょうどう》もあります。さまざまな不平等《ふびょうどう》が個々別々《ここべつべつ》の動きをしながら、相互《そうご》に関係《かんけい》し合っています。数字で考えることが難《むずか》しい不平等《ふびょうどう》に、私《わたし》たちはどのように向き合っていくことができるのでしょうか？

SDGsと多様性《たようせい》(Diversity)

男女が互《たが》いに相手を好《す》きになり、結婚《けっこん》して家庭をつくる。ごくふつうの、あたりまえのすがただと思われがちですが、真実はあたりまえではありません。女性《じょせい》を好《す》きになる女性《じょせい》(レズビアン)や男性《だんせい》を好《す》きになる男性《だんせい》(ゲイ)もいますし、男女どちらも好《す》きになる人(バイセクシュアル)もいます。また、体は男《だん》性《せい》だけれど心は女性《じょせい》だったり、体は女性《じょせい》だけれど心は男性《だんせい》だったりする人(トランスジェンダー)もいます。

このような人たちをLGBTとよぶことがあります。L…Lesbian(レズビアン)、G…Gay(ゲイ)、B…Bisexual(バイセクシュアル)、T…Transgender(トランスジェンダー)の頭文字をとったものです。LGBTは「性的少数派《せいてきしょうすうは》」でもあります。実際《じっさい》には、人を好《す》きになることや性別《せいべつ》と心の関係《かんけい》は、とても多様です。LGBTは少数派《しょうすうは》であるという理由で差別《さべつ》され、多数派《は》の人たちと同等の権利《けんり》を持つことができないこともしばしばあります。また、迫害《はくがい》されたり処罰《しょばつ》されたりしてきた歴史《れきし》もあります。

SDGsの目標《もくひょう》10やそのターゲットに、こうした性的少数派《せいてきしょうすうは》への直接《ちょくせつ》の言及《げんきゅう》はありません。しかし、性的《せいてき》少数者に言及《げんきゅう》するか、またはLGBTという言葉そのものをターゲットの中に入れるかという議論《ぎろん》は真剣《しんけん》に行われたそうです。性《せい》の問題が多様であるように、性《せい》に対する考え方や価値観《かちかん》もまた多様です。イギリスやフランス、スペインなど同性《どうせい》の結婚《けっこん》を法律《ほうりつ》で認《みと》めている国もあれば、宗教《しゅうきょう》上の理由などから同性婚《どうせいこん》は認《みと》めないという国もあります。アメリカなどのように一つの国の中で、いくつもの考えがある場合もあるのです。

SDGsの考え方の根底《こんてい》には、ダイバーシティ(Diversity…多様性《たようせい》)を大切にするということがあります。互《たが》いの多様性《たようせい》を大切にしながら、持続可能《じぞくかのう》な開発という目標《もくひょう》を共有《きょうゆう》し未来《みらい》に向かっていくための目《もく》標《ひょう》がSDGsです。ですから、ある一国の価値観《かちかん》を強引に押《お》し通そうとすれば、SDGsそのものが崩壊《ほうかい》してしまう可能性《かのうせい》もあります。

議論《ぎろん》の結果《けっか》、SDGsの目標《もくひょう》10やそのターゲットを決めるための各国《かっこく》メンバーは、性的少数派《せいてきしょうすうは》に直接《ちょくせつ》言及《げんきゅう》することはせず、「目標《もくひょう》10　国内及《およ》び国間家の不平等《ふびょうどう》を是正《ぜせい》する」の2つめのターゲット「2030年までに、年齢《ねんれい》、性別《せいべつ》、障害《しょうがい》、人種《じんしゅ》、民族《みんぞく》、出自、宗教《しゅうきょう》、あるいは経済的地位《けいざいてきちい》その他の状況《じょうきょう》に関《かか》わりなく、すべての人々の能力《のうりょく》強化及《およ》び社会的《しゃかいてき》、経済的及《けいざいてきおよ》び政治的《せいじてき》な包含《ほうがん》を促進《そくしん》する。」がその意味をふくむということで着地しました。「性別《せいべつ》」という言葉や「その他の状況《じょうきょう》に関《かか》わりなく」という言葉の中に、あらゆる少数者も差別《さべつ》されないという思いがこめられているのです。

1つひとつの目標《もくひょう》やターゲットの言葉は、各国《かっこく》を代表するさまざまな人の意見を集約《しゅうやく》し、議論《ぎろん》し、ときにはぶつかりあいながら、編《あ》みあげられたものです。「どうしてこの表現《ひょうげん》になったのだろう」ということを意識《いしき》しながら改《あらた》めて読んでみると、新しい発見や疑問《ぎもん》が見つかるかもしれません。

目標《もくひょう》11　都市と人間の居住地《きょじゅうち》を包摂的《ほうせつてき》、安全、レジリエントかつ持続可能《じぞくかのう》にする

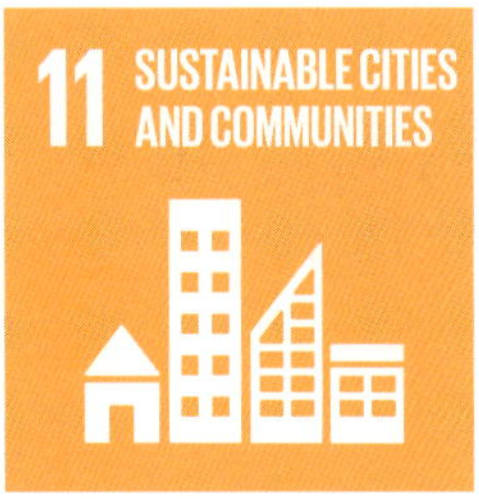

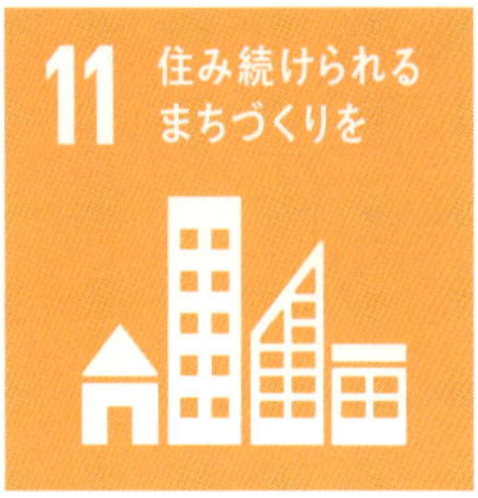

（資料提供　国連広報センター）

都市は、経済《けいざい》面、文化面など、多くの物事の中心地となっています。一方、都市でよく見られる課題《かだい》としては、過密《かみつ》、基本的《きほんてき》サービスを提供《ていきょう》するための資金《しきん》の不足《ふそく》、適切《てきせつ》な住居《じゅうきょ》の不《ふ》足《そく》、さまざまな設備《せつび》の老朽化《ろうきゅうか》等があげられます。また、都市によっては大気汚染《おせん》をはじめとする環境《かんきょう》に対する悪影響《あくえいきょう》が出ているところもあります。

このように、土地や資源《しげん》に負担《ふたん》をかけ過《す》ぎないような形で都市を維持《いじ》していくためには、多くの課題《かだい》が残《のこ》っています。

私《わたし》たちが望《のぞ》む未来《みらい》には、基本的《きほんてき》サービスやエネルギー、住宅《じゅうたく》、輸送《ゆそう》その他多くのもののしくみや設備《せつび》を整え、そこに住む人全員に提供《ていきょう》できる都市がふくまれます。また、災害《さいがい》に強く、そこに住む人全員にとって安全で、住みやすい都市にしていくことが求《もと》められています。

そのような持続可能《じぞくかのう》な都市をつくっていくために、私《わたし》たち一人ひとりはどのようなことができるでしょうか。

目標11：包摂的で安全かつ強靱（レジリエント）で持続可能な都市及び人間居住を実現する

ターゲット

11.1　2030年までに、すべての人々の、適切、安全かつ安価な住宅及び基本的サービスへのアクセスを確保し、スラムを改善する。

11.2　2030年までに、脆弱な立場にある人々、女性、子ども、障害者及び高齢者のニーズに特に配慮し、公共交通機関の拡大などを通じた交通の安全性改善により、すべての人々に、安全かつ安価で容易に利用できる、持続可能な輸送システムへのアクセスを提供する。

11.3　2030年までに、包摂的かつ持続可能な都市化を促進し、すべての国々の参加型、包摂的かつ持続可能な人間居住計画・管理の能力を強化する。

11.4　世界の文化遺産及び自然遺産の保護・保全の努力を強化する。

11.5　2030年までに、貧困層及び脆弱な立場にある人々の保護に焦点をあてながら、水関連災害などの災害による死者や被災者数を大幅に削減し、世界の国内総生産比で直接的経済損失を大幅に減らす。

11.6　2030年までに、大気の質及び一般並びにその他の廃棄物の管理に特別な注意を払うことによるものを含め、都市の一人当たりの環境上の悪影響を軽減する。

11.7　2030年までに、女性、子ども、高齢者及び障害者を含め、人々に安全で包摂的かつ利用が容易な緑地や公共スペースへの普遍的アクセスを提供する。

11.a　各国・地域規模の開発計画の強化を通じて、経済、社会、環境面における都市部、都市周辺部及び農村部間の良好なつながりを支援する。

11.b　2020年までに、包含、資源効率、気候変動の緩和と適応、災害に対する強靱さ（レジリエンス）を目指す総合的政策及び計画を導入・実施した都市及び人間居住地の件数を大幅に増加させ、仙台防災枠組2015-2030に沿って、あらゆるレベルでの総合的な災害リスク管理の策定と実施を行う。

11.c　財政的及び技術的な支援などを通じて、後発開発途上国における現地の資材を用いた、持続可能かつ強靱（レジリエント）な建造物の整備を支援する。

（外務省仮訳）

11 住み続けられるまちづくりを

目標《もくひょう》11を読み解《と》く手がかり

目標《もくひょう》11は、「都市」に関《かん》する目標《もくひょう》です。SDGsの他の目標《もくひょう》とターゲットの実施《じっし》については、最終的《さいしゅうてき》に各国家《かくこっか》や各地域《かくちいき》にゆだねられているのに対して、目標《もくひょう》11は私《わたし》たちが直接参加《ちょくせつさんか》かつ挑戦《ちょうせん》していくことが可能《かのう》な規模《きぼ》に限定《げんてい》された唯一《ゆいいつ》の目標《もくひょう》であるという見方があります。

現在《げんざい》、世界人口の半分強は都市部居住者《としぶきょじゅうしゃ》です。今後、居住者《きょじゅうしゃ》が1000万人を超《こ》えるメガシティの数も増《ふ》えると予想《よそう》されています。そして、今世紀《こんせいき》の半ばまでに、都市部居住者《としぶきょじゅうしゃ》はさらに25億人《おくにん》増《ふ》えて66%に達《たっ》する見込《みこ》みです。

地球上の人口増加《じんこうぞうか》は都市部で起こっているという見方があります。ほとんどの都市居住者《としきょじゅうしゃ》は、メガシティよりも小さなセカンダリーシティに住んでいて、人口増加《じんこうぞうか》のほとんどはセカンダリーシティで生じるといわれています。ある推定《すいてい》によれば、2030年のインドの都市の70〜80パーセントは未建設《みけんせつ》だというのです。つまり、これは都市の建造物《けんぞうぶつ》の多くがまだ建設《けんせつ》されていないということを意味しています。

また、多くの都市におけるインフラ(水道や道路、電力網《でんりょくもう》など)の寿命《じゅみょう》が10数年程度《ていど》だということをふまえると、既存《きそん》の都市が持続可能《じぞくかのう》な都市づくりへと都市計画の舵《かじ》を切る大きなきっかけは、これからもたびたびおとずれるともいえます。

過去《かこ》の延長線上《えんちょうせんじょう》の思考にしばられることなく、持続可能性《じぞくかのうせい》をコンセプトとした都市を都市部《としぶ》居住者《きょじゅうしゃ》の手でつくっていくことが可能《かのう》になるかもしれません。地球上に住む多くの人々がSDGsへの興味関心《きょうみかんしん》を高めることは、目標《もくひょう》11の実現《じつげん》に向けて大きな一歩をふみ出すことでもあります。

産業革命以降《さんぎょうかくめいいこう》、都市は地球規模《ちきゅうきぼ》の諸問題《しょもんだい》の根源《こんげん》である、という意見があります。たとえば、私《わたし》たちは都市での電力を得《え》るために、山間部にダムを築《きず》いたり、地方の平野部に原子力発電所を築《きず》いたりしています。また、都市での私《わたし》たちの生活から出るゴミを海浜部《かいひんぶ》に持《も》ち込《こ》み海を埋《う》め立《た》てたり、山間部に持《も》ち込《こ》み処分《しょぶん》という名目で投棄《とうき》したりしています。さらには、都市部に住む人々の食のために発展途上《はってんとじょう》の地域《ちいき》において大規模《だいきぼ》な単一農業《たんいつのうぎょう》が行われています。その意味で、都市は、都市の境界《きょうかい》をはるかに越《こ》えて、地球の持続可能性《じぞくかのうせい》にマイナスの足跡《あしあと》を残《のこ》す側面《そくめん》もあります。

こうしたさまざまな問題を抱《かか》えている都市に目を向け、それらの問題《もんだい》を解決《かいけつ》する糸口を見つけ、そこから私《わたし》たちの未来《みらい》を創《つく》り出していきましょう。

日本の子ども達《たち》による“私《わたし》たちの望《のぞ》む未来《みらい》”

2012年６月20日～22日までの３日間、ブラジル・リオデジャネイロにおいて「国連持《こくれんじ》続可能《ぞくかのう》な開発会議《かいはつかいぎ》（リオ＋20）」が開催《かいさい》されました。リオ＋20に合わせて６月13日から24日の12日間にわたって設置《せっち》されたジャパンパビリオンでは、子ども達《たち》のスピーチの様子や絵画、手紙が取り上げられ「未来《みらい》の大人《おとな》」たちの想いが世界に向けて伝《つた》えられました。その中から、当時日能研《にちのうけん》で学んでいた６年生が書いた文章を紹介《しょうかい》します。

私《わたし》たちの望《のぞ》む未来《みらい》とはどんな未来《みらい》なのでしょうか。

私《わたし》は、幸せな未来《みらい》を創《つく》りたいと思います。人類《じんるい》にとって、いや全ての生き物にとって。

人間が住むべき未来《みらい》の地球は砂漠《さばく》におおわれた地球でもなければ、ビルばかりの地球でもありません。全ての生き物が助け合い、生かし合いながら暮《く》らしている、緑のある、自然《しぜん》のある地球です。

それに、平和で、争《あらそ》いのない、大きな問題のない地球でなければならない。なのに、今人類《じんるい》の中で、問題がたくさん起こっています。その１つが貧富《ひんぷ》の差《さ》です。

私《わたし》のような日本の子どもは、たくさん食べて元気に学校へ通っています。しかし、学校に通えないどころか食べる物に苦労《くろう》する11才の子どもが、世界にたくさんいます。

私達《わたしたち》も他の子どももみんなが笑顔《えがお》で暮《く》らせるようになるために、募金《ぼきん》をしたいと私《わたし》は思っています。

募金箱《ぼきんばこ》に入れたお金は、直接困《ちょくせつこま》っている人々に届《とど》くわけではありません。でもきっと、誰《だれ》かが笑顔《えがお》になる役に立つと、私《わたし》は思います。

また、他の動植物にとっても「住みたい地球」とは自然《しぜん》のたくさんある地球だと思います。

そのために私達《わたしたち》人間は、環境《かんきょう》を守らなければなりません。

私《わたし》の家では、電気のつけっぱなしや、冷蔵庫《れいぞうこ》の開《あ》け閉《し》めをなるべくなくしています。これは節電《せつでん》につながります。すると使われる燃料《ねんりょう》の量《りょう》が減《へ》り、二酸化炭素《にさんかたんそ》の排出《はいしゅつ》も減《へ》ります。燃料《ねんりょう》、つまり資源《しげん》を使う量《りょう》が減《へ》ることは環境《かんきょう》を守ることに直接《ちょくせつ》なりますし、減《へ》った燃料代《ねんりょうだい》は他のことに当てられます。

このような心がけは、私《わたし》の身の回りにあることです。でも、地球にいる70億人《おくにん》の人間の身近なところには必《かなら》ず何かできることがあるはずです。それはそれぞれ全く違《ちが》う70億《おく》種類《しゅるい》の努力《どりょく》です。だからみんなが身近なところで未来《みらい》づくりに貢献《こうけん》すれば、それが集まって、美しい地球をつくることができると思います。

そのために、地球市民《しみん》の人達《ひとたち》には、身近なところで、できることをしてほしいと思います。

目標《もくひょう》12　持続可能《じぞくかのう》な消費《しょうひ》と生産《せいさん》のパターンを確保《かくほ》する

（資料提供　国連広報センター）

18世紀《せいき》後半のイギリスではじまった産業革命《さんぎょうかくめい》は、それまでの生産《せいさん》と消費《しょうひ》のあり方をがらりと変《か》えました。産業革命《さんぎょうかくめい》は、産業《さんぎょう》の加速度的《かそくどてき》な発展《はってん》や科学技術《ぎじゅつ》の進歩をもたらしましたが、負の部分もまた多く生みました。たとえば大量生産《たいりょうせいさん》には大量《たいりょう》の天然資源《てんねんしげん》が必要《ひつよう》ですが、その資源《しげん》は石油をはじめ限《かぎ》りあるものがほとんどで、このままでは近い将来枯渇《しょうらいこかつ》してしまいます。また、生産《せいさん》の過程《かてい》で発生する有害《ゆうがい》な廃棄物《はいきぶつ》は、深刻《しんこく》な環境破壊《かんきょうはかい》を引き起こします。さらに、大量生産《たいりょうせいさん》・大量消費《たいりょうしょうひ》は、大量廃棄《たいりょうはいき》という問題も生み出しました。まだ使えるのに、まだ食べられるのに捨てられているという現状《げんじょう》も深刻《しんこく》です。

持続可能《じぞくかのう》な生産《せいさん》と消費《しょうひ》には、資源《しげん》を効率的《こうりつてき》に利用《りよう》すること、省《しょう》エネを推進《すいしん》すること、製品《せいひん》ライフサイクルの視点《してん》で廃棄物《はいきぶつ》を管理《かんり》すること、社会のしくみそのものを見直すことなど、さまざまな角度からの取り組みが求《もと》められます。そして、先進国も開発途《かいはつと》上国《じょうこく》もふくめたすべての国が取り組むことが欠《か》かせません。他の国に先がけて産業革命《さんぎょうかくめい》を達成《たっせい》した先進国は、これまでに多くの環境破壊《かんきょうはかい》や資《し》源《げん》のむだ使いをしてきました。持続可能《じぞくかのう》な生産《せいさん》と消費《しょうひ》のために、先進国が率先《そっせん》してできることには何があるでしょうか。また、先進国である日本に生きる私《わたし》たちが、生活の中でできることには何があるでしょうか。

目標12：持続可能な生産消費形態を確保する

ターゲット

12.1　開発途上国の開発状況や能力を勘案しつつ、持続可能な消費と生産に関する10年計画枠組み（10YFP）を実施し、先進国主導の下、すべての国々が対策を講じる。

12.2　2030年までに天然資源の持続可能な管理及び効率的な利用を達成する。

12.3　2030年までに小売・消費レベルにおける世界全体の一人当たりの食料の廃棄を半減させ、収穫後損失などの生産・サプライチェーンにおける食品ロスを減少させる。

12.4　2020年までに、合意された国際的な枠組みに従い、製品ライフサイクルを通じ、環境上適正な化学物質やすべての廃棄物の管理を実現し、人の健康や環境への悪影響を最小化するため、化学物質や廃棄物の大気、水、土壌への放出を大幅に削減する。

12.5　2030年までに、廃棄物の発生防止、削減、再生利用及び再利用により、廃棄物の発生を大幅に削減する。

12.6　特に大企業や多国籍企業などの企業に対し、持続可能な取り組みを導入し、持続可能性に関する情報を定期報告に盛り込むよう奨励する。

12.7　国内の政策や優先事項に従って持続可能な公共調達の慣行を促進する。

12.8　2030年までに、人々があらゆる場所において、持続可能な開発及び自然と調和したライフスタイルに関する情報と意識を持つようにする。

12.a　開発途上国に対し、より持続可能な消費・生産形態の促進のための科学的・技術的能力の強化を支援する。

12.b　雇用創出、地方の文化振興・産品販促につながる持続可能な観光業に対して持続可能な開発がもたらす影響を測定する手法を開発・導入する。

12.c　開発途上国の特別なニーズや状況を十分考慮し、貧困層やコミュニティを保護する形で開発に関する悪影響を最小限に留めつつ、税制改正や、有害な補助金が存在する場合はその環境への影響を考慮してその段階的廃止などを通じ、各国の状況に応じて、市場のひずみを除去することで、浪費的な消費を奨励する、化石燃料に対する非効率な補助金を合理化する。

（外務省仮訳）

目標《もくひょう》12を読み解《と》く手がかり

SDGsの前身「ミレニアム開発目標《もくひょう》(MDGs)」では、「目標《もくひょう》7　環境《かんきょう》の持続可能性《じぞくかのうせい》の確保《かくほ》」が定められ、そのターゲット7.aにおいて「持続可能《じぞくかのう》な開発の原則《げんそく》を各国《かっこく》の政策《せいさく》や戦略《せんりゃく》に反映《はんえい》させ、環境資源《かんきょうしげん》の喪失《そうしつ》を阻止《そし》し、回復《かいふく》を図る」と記されました。

産業革命以降《さんぎょうかくめいいこう》、経済《けいざい》の発展《はってん》のためには生産《せいさん》と消費《しょうひ》の拡大《かくだい》が不可欠であるという考えが私《わたし》たちの中に刷《す》り込《こ》まれていました。そのため、生産《せいさん》と消費《しょうひ》そのものが環境課題《かんきょうかだい》の一つであるという認識《にんしき》はありましたが、環境《かんきょう》悪化の根本原因《げんいん》として、個別《こべつ》かつ独立《どくりつ》した一つの課題《かだい》・目標《もくひょう》としては取り上げられませんでした。

そうした中で、過剰《かじょう》な生産《せいさん》と過剰《かじょう》な消費《しょうひ》は、資源《しげん》の枯渇《こかつ》、廃棄物《はいきぶつ》による汚染《おせん》、気候変動《きこうへんどう》など、環境面《かんきょうめん》に影響《えいきょう》を与《あた》え続《つづ》けました。また、生産《せいさん》の過程《かてい》における資源《しげん》の過剰採取《かじょうさいしゅ》は、生態系《せいたいけい》を崩《くず》し、生物多様性《たようせい》に危機《きき》を招《まね》き続《つづ》けました。大量生産《たいりょうせいさん》・大量消費《たいりょうしょうひ》が先進国や新興国《しんこうこく》の一部にみられる一方で、飢餓《きが》や貧困《ひんこん》という消費《しょうひ》の極端《きょくたん》な不足が開発途上国《とじょうこく》にみられ、極端《きょくたん》な格差《かくさ》の存在《そんざい》も大きな課題《かだい》として認識《にんしき》されるようになってきました。

これらの問題に対処《たいしょ》するための国際的《こくさいてき》な取り組みとして、国連環境計画《こくれんかんきょうけいかく》(UNEP)は、2007年に「持続可能《じぞくかのう》な資源管理《しげんかんり》に関《かん》する国際《こくさい》パネル」という専門《せんもん》グループを設立《せつりつ》しました。ここでは、資源《しげん》の持続的《じぞくてき》な利用《りよう》に関《かん》して権威《けんい》のある科学的評価《かがくてきひょうか》を提供《ていきょう》しています。また、2012年のリオ+20では、「国連持続可能《こくれんじぞくかのう》な消費《しょうひ》と生産《せいさん》に関《かん》する10年計画枠組《わくぐ》み(10YFP)」が採択《さいたく》されました。「10YFP」とは、社会の消費《しょうひ》・生産《せいさん》パターンを資源効率《しげんこうりつ》の高い、低炭素《ていたんそ》で持続可能《じぞくかのう》なものに変革《へんかく》することを目指して策定《さくてい》された指針《ししん》で、6つのプログラムから成り立っています。政府《せいふ》や企業《きぎょう》、市民《しみん》社会などのさまざまなアクターの参加《さんか》により具体的《ぐたいてき》な取り組みが進められています。

①消費者情報《しょうひしゃじょうほう》
②持続可能《じぞくかのう》なライフスタイルと教育
③持続可能《じぞくかのう》な公共調達《こうきょうちょうたつ》
④持続可能《じぞくかのう》な建築《けんちく》・建設《けんせつ》
⑤エコツーリズムを含《ふく》む持続可能《じぞくかのう》な観光《かんこう》
⑥持続可能《じぞくかのう》な食料《しょくりょう》システム

こうした流れを受けて、SDGsでは「目標《もくひょう》12　持続可能《じぞくかのう》な消費《しょうひ》と生産《せいさん》のパターンを確保《かくほ》する」

と提示《ていじ》されました。持続可能《じぞくかのう》な未来《みらい》を創《つく》るキーワードとして、「生産《せいさん》と消費《しょうひ》」が一つの独立《どくりつ》した目標《もくひょう》として取り上げられたのです。

目標《もくひょう》12は、先進国か開発途上《とじょう》国か、裕福か貧困《ひんこん》かにかかわらず、私《わたし》たち一人ひとりが消費者《しょうひしゃ》として生活パターンを改革《かいかく》するようよびかけています。また、全ての事業者がその事業活動を通して持続可能《じぞくかのう》な開発に貢献《こうけん》するよう求《もと》められています。そして、全ての国家も、持続可能《じぞくかのう》な生産《せいさん》と消費《しょうひ》に資する環境《かんきょう》・経済《けいざい》・社会の実現《じつげん》に向けた政策《せいさく》・施策《しさく》を実施《じっし》することを求《もと》められているのです。

消費者《しょうひしゃ》そして生産者《せいさんしゃ》、事業者としての企業《きぎょう》、そして国家が「持続可能《じぞくかのう》な消費《しょうひ》と生産《せいさん》のパターンを確保《かくほ》する」ために、これまでの“あたりまえ”から脱《だっ》していく方法を見つけていきましょう。そもそも“あたりまえ”とは、いつできあがり、どのような価値《かち》を持っているのでしょうか。どのようなプロセスをたどって、持続可能《じぞくかのう》な消費《しょうひ》と生産《せいさん》のパターンに移っていくのでしょうか。

食品ロスをどうなくす？

目標《もくひょう》12のターゲット3は、食料の廃棄《はいき》や食品ロスを減《へ》らすことです。

食品ロスとは、まだ食べられるのに廃棄《はいき》される食品のことです。日本では、年間2797万トンの食品廃棄物《はいきぶつ》が出ています。このうち、「食品ロス」に分類されるものは632万トン。これは、世界中で飢餓《きが》に苦しむ人々に向けた世界の食糧援助量《しょくりょうえんじょりょう》(2014年で年間約《やく》320万トン)の約《やく》2倍にあたります。

食品が廃棄《はいき》される理由にはさまざまありますが、日本をふくむ先進国では「仕入れのしすぎで売れ残《のこ》る」「飲食店で注文したが食べきれない」「買った食材《しょくざい》が使いきれない」など小売・消費《しょうひ》レベルの食品廃棄《はいき》が多くなっており、ここに改善《かいぜん》の余地《よち》があります。

日本では、SDGsが採択《さいたく》される前の2012年、関係省庁《かんけいしょうちょう》(内閣府《ないかくふ》、農林水産省《すいさんしょう》、経済《けいざい》産業省《さんぎょうしょう》、環境省《かんきょうしょう》、文部科学省、消費者庁《しょうひしゃちょう》)が連携《れんけい》して、食品ロス削減関係省庁等連《さくげんかんけいしょうちょうとうれん》絡会議《らくかいぎ》を設置《せっち》、事業者と家庭の両方で食品ロスを半減《はんげん》することを目指した、国民運動「NO-FOODLOSSプロジェクト」をたちあげました。SDGs採択《さいたく》を受けて、今後この運動のさらなる展開《てんかい》が期待されています。具体的《ぐたいてき》な展開例《てんかいれい》の一つとして、消費者庁《しょうひしゃちょう》が、利《り》用者《ようしゃ》の多いレシピサイト「クックパッド」に、食材《しょくざい》を無駄《むだ》にしないレシピや、食品の保《ほ》存方法《ぞんほうほう》などをのせているページがあります。興味《きょうみ》のある人はぜひのぞいてみてくださいね。(「消費者庁《しょうひしゃちょう》の公式キッチン」で検索《けんさく》)

目標《もくひょう》13　気候変動《きこうへんどう》とその影響《えいきょう》に立ち向かうため、緊急対策《きんきゅうたいさく》を取る

（資料提供　国連広報センター）

気候変動《きこうへんどう》には人間の活動が大きく関係《かんけい》しているといわれています。たとえば二酸化炭素《にさんかたんそ》などの温室効果《こうか》ガスの影響《えいきょう》により地球温暖化《おんだんか》が進んでいると考えられています。私《わたし》たち人間をふくむ地球上に住む生物は気候変動《きこうへんどう》の深刻《しんこく》な影響《えいきょう》を受けていますが、その中には天候《てんこう》パターンの変化《へんか》、海面の上昇《じょうしょう》、異常気象《いじょうきしょう》の増加《ぞうか》等もふくまれます。

気候変動《きこうへんどう》はあらゆる大陸《たいりく》のあらゆる国に影響《えいきょう》をおよぼすようになっています。そして、気候《きこう》変動《へんどう》は国境《こっきょう》を越《こ》えたグローバルな課題《かだい》です。どこかの地域《ちいき》で温室効果《こうか》ガスの排出《はいしゅつ》が増《ふ》えれば、あらゆる場所の人々に影響《えいきょう》が出ます。これは国際《こくさい》レベルで調整すべき解決策《かいけつさく》を必要《ひつよう》とする問題といえます。

2016年４月、175の国連加盟国《こくれんかめいこく》は、歴史的《れきしてき》な「パリ協定《きょうてい》」に署名《しょめい》し、地球の気温上昇《じょうしょう》が摂氏《せっし》２度を超《こ》えないよう確実《かくじつ》に抑《おさ》えるべく、すべての国が対策《たいさく》を講《こう》じるための土台ができ上がりました。

一人ひとりの動きは小さなものかもしれませんが、それが積《つ》み重なれば大きな影響《えいきょう》を生み出すことになります。これ以上《いじょう》、気《き》候変動《こうへんどう》につながる地球への悪影響《あくえいきょう》を出さないようにするために、私《わたし》たちは何をすることができるでしょうか。

目標13：気候変動及びその影響を軽減するための緊急対策を講じる＊

ターゲット

13.1 すべての国々において、気候関連災害や自然災害に対する強靱性（レジリエンス）及び適応の能力を強化する。

13.2 気候変動対策を国別の政策、戦略及び計画に盛り込む。

13.3 気候変動の緩和、適応、影響軽減及び早期警戒に関する教育、啓発、人的能力及び制度機能を改善する。

13.a 重要な緩和行動の実施とその実施における透明性確保に関する開発途上国のニーズに対応するため、2020年までにあらゆる供給源から年間1,000億ドルを共同で動員するという、UNFCCCの先進締約国によるコミットメントを実施するとともに、可能な限り速やかに資本を投入して緑の気候基金を本格始動させる。

13.b 後発開発途上国及び小島嶼開発途上国において、女性や青年、地方及び社会的に疎外されたコミュニティに焦点を当てることを含め、気候変動関連の効果的な計画策定と管理のための能力を向上するメカニズムを推進する。

＊国連気候変動枠組条約（UNFCCC）が、気候変動への世界的対応について交渉を行う基本的な国際的、政府間対話の場であると認識している。

（外務省仮訳）

13 気候変動に具体的な対策を

目標《もくひょう》13を読《よ》み解《と》く手がかり

1992年にブラジルの都市リオデジャネイロで、「環境《かんきょう》と開発に関《かん》する国際連合会議《こくさいれんごうかいぎ》(UNCED)」が開催《かいさい》され、地球温暖化《おんだんか》問題に関《かん》する国際的《こくさいてき》な枠組《わくぐ》みを設定《せってい》した「国連気候変動枠組条約《こくれんきこうへんどうわくぐみじょうやく》(UNFCCC)」が採択《さいたく》されました。この条約《じょうやく》に基《もと》づき、1995年から毎年開催《かいさい》されているのが、気《き》候変動枠組条約締約国会議《こうへんどうわくぐみじょうやくていやくこくかいぎ》(COP)です。

2015年には第21回気候変動枠組条約締約国会議《きこうへんどうわくぐみじょうやくていやくこくかいぎ》(COP21)が開催《かいさい》され、2020年以降《いこう》の地球温暖《おんだん》化対策《かたいさく》の大枠《おおわく》を定める「パリ協定《きょうてい》」が採択《さいたく》されました。気候変動《きこうへんどう》に関《かん》する国際的《こくさいてき》な枠組《わくぐ》みが定められるのは、1997年に「京都議定書」が採択《さいたく》されて以来、18年ぶりのことです。また、この「パリ協定《きょうてい》」は、気候変動枠組条約《きこうへんどうわくぐみじょうやく》に加盟《かめい》する196か国全てが参加《さんか》した世界初《はつ》の枠組《わくぐ》みとしても、大きな意味を持っています。

『環境《かんきょう》を考えるBOOK⑦　災害《さいがい》教育から始まるお話』では、第6章において、「パリ協定《きょうてい》」の詳細《しょうさい》を伝《つた》える毎日新聞の一面記事を取り上げています。6つのワークとともに「パリ協定《きょうてい》」の内容《ないよう》を紐解《ひもと》いていくことに、ぜひ、チャレンジしてください。

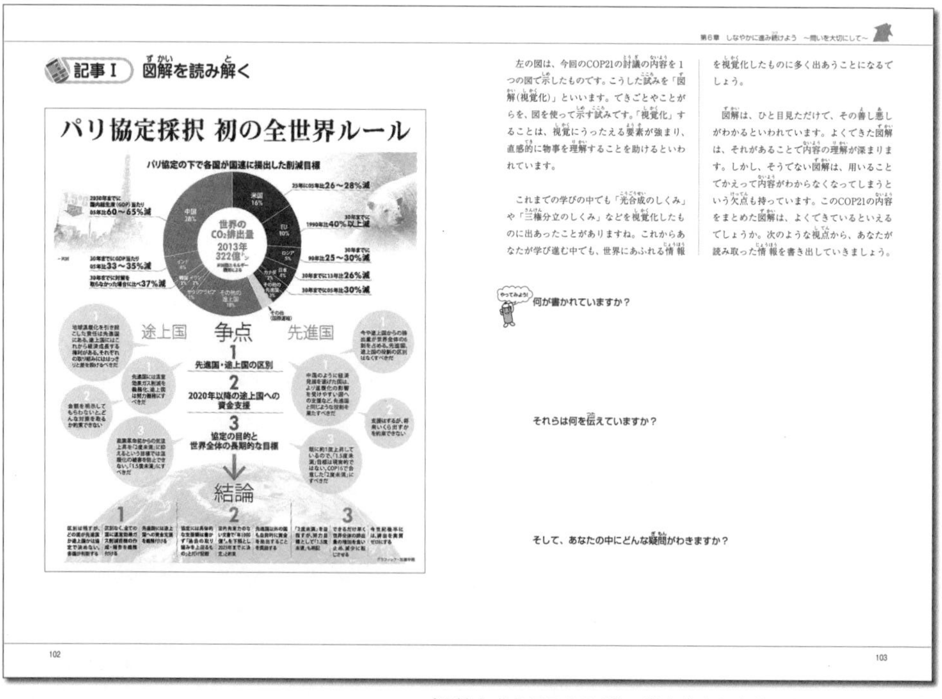
第6章　しなやかに進み続けよう　～問いを大切にして～

記事Ⅰ　図解《ずかい》を読み解《と》く

左の図は、今回のCOP21の討議《とうぎ》の内容《ないよう》を1つの図で示《しめ》したものです。こうした試《こころ》みを「図解《ずかい》(視覚化《しかくか》)」といいます。できごとやことがらを、図を使って示《しめ》す試《こころ》みです。「視覚化《しかくか》」することは、視覚《しかく》にうったえる要素《ようそ》が強まり、直感的《てき》に物事を理解《りかい》することを助けるといわれています。

これまでの学びの中でも「光合成《こうごうせい》のしくみ」や「三権《さんけん》分立のしくみ」などを視覚《しかく》化したものに出あったことがありますね。これからあなたが学び進む中でも、世界にあふれる情報《じょうほう》を視覚《しかく》化したものに多く出あうことになるでしょう。

図解《ずかい》は、ひと目見ただけで、その善《よ》し悪《あ》しがわかるといわれています。よくできた図解《ずかい》は、それがあることで内容《ないよう》の理解《りかい》が深まります。しかし、そうでない図解《ずかい》は、用いることでかえって内容《ないよう》がわからなくなってしまうという欠点《けってん》も持っています。このCOP21の内容《ないよう》をまとめた図解《ずかい》は、よくできているといえるでしょうか。次のような視点《してん》から、あなたが読み取った情報《じょうほう》を書き出していきましょう。

やってみよう！
何が書かれていますか？

それらは何を伝えていますか？

そして、あなたの中にどんな疑問がわきますか？

102　103

(環境を考えるBOOK⑦　災害教育から始まるお話より抜粋)

■世界気象機関《きしょうきかん》(World Meteorological Organization：WMO)

国連《こくれん》の専門《せんもん》機関《きかん》のひとつである世界気象機関《きしょうきかん》(WMO)は、4年に1回「世界気象会議《きしょうかいぎ》」を開催《かいさい》します。また、WMOでは、地球の大気の状態《じょうたい》と動き、大気と海洋の相互《そうご》作用、それが作り出す気候《きこう》とその結果《けっか》による水資源《しげん》の分布《ぶんぷ》、そして関連《かんれん》の環境《かんきょう》問題について権威《けんい》ある科学情報《じょうほう》を提供《ていきょう》しています。

WMOは次の8つの主要《しゅよう》な計画を設立《せつりつ》し、あらゆる方面から世界的《せかいてき》な気象業務発展《きしょうぎょうむはってん》のための活動を行っています。

- 世界気象監視《きしょうかんし》(WWW)計画
- 世界気候《きこう》計画
- 大気研究・環境《かんきょう》計画
- 応用気象《おうようきしょう》計画
- 水文・水資源《しげん》計画
- 教育・研修《けんしゅう》計画
- 技術協力《ぎじゅつきょうりょく》計画
- 地区計画

気候変動《きこうへんどう》への国際的《こくさいてき》な取り組みのために、WMOとUNEPによって設置《せっち》されたのが「気候変動《きこうへんどう》に関《かん》する政府《せいふ》間パネル(IPCC)」です。IPCCについても、『環境《かんきょう》を考えるBOOK⑦　災害《さいがい》教育から始まるお話』で取り上げています。

IPCCによる報告

報告書		公表年	人間活動が及ぼす温暖化への影響についての評価
第1次報告書 First Assessment Report 1990(FAR)		1990年	「気温上昇を生じさせるだろう」 人為起源の温室効果ガスは気候変化を生じさせる恐れがある。
第2次報告書 Second Assessment Report: Climate Change 1995(SAR)		1995年	「影響が全地球の気候に表れている」 識別可能な人為的影響が全地球の気候に表れている。
第3次報告書 Third Assessment Report: Climate Change 2001(TAR)		2001年	「可能性が高い」(66%以上) 過去50年に観測された温暖化の大部分は、温室効果ガスの濃度の増加によるものだった可能性が高い。
第4次報告書 Forth Assessment Report: Climate Change 2007(AR4)		2007年	「可能性が非常に高い」(90%以上) 温暖化には疑う余地がない。20世紀半ば以降の温暖化のほとんどは、人為起源の温室効果ガス濃度の増加による可能性が非常に高い。
第5次報告書 Fifth Assessment Report: Climate Change 2013(AR5)		2013~14年	**「可能性が極めて高い」(95%以上) 温暖化には疑う余地がない。20世紀半ば以降の温暖化の主な要因は、人間の影響の可能性が極めて高い。**

(IPCCの資料より)

目標《もくひょう》14　海洋と海洋資源《しげん》を持続可能《じぞくかのう》な開発に向けて保全《ほぜん》し、持続可能《じぞくかのう》な形で利用《りよう》する

（資料提供　国連広報センター）

海洋汚染《おせん》の原因《げんいん》には、海に廃棄物《はいきぶつ》が捨《す》てられたり、船などの事故《じこ》で石油が海に流れ出したりすることに加《くわ》え、陸上《りくじょう》の人間の活動が大きく関係《かんけい》しているといわれています。たとえば、工場や家庭からの排水《はいすい》、河川《かせん》や大気から農薬等の化学物質《ぶっしつ》が海に流れ込《こ》むことなどがあげられます。そして、生物にとっての有害物質《ゆうがいぶっしつ》が、食物連鎖《れんさ》を通して濃縮《のうしゅく》されながら、いずれは人間の口に入る魚などの生物の体内に蓄積《ちくせき》されていきます。

世界の海洋は、その温度、化学的性質《てきせいしつ》、海流、生物を通じ、地球を人間にとって住みよい場所にする地球規模《きぼ》のシステムを動かしています。 雨水や飲み水、気象《きしょう》、気候《きこう》、海岸線、私《わたし》たちの食料《しょくりょう》の多く、さらには私《わたし》たちが呼吸《こきゅう》によって取り入れている大気中の酸素《さんそ》でさえ、究極《きゅうきょく》的には海洋によって提供《ていきょう》、制御《せいぎょ》されています。海洋は歴史《れきし》全体を通じ、貿易《ぼうえき》や輸送《ゆそう》に不可欠《ふかけつ》な経路《けいろ》にもなってきました。 この地球にとって必須《ひっす》の資源《しげん》を慎重《しんちょう》に管理《かんり》することは、持続可能《じぞくかのう》な未来《みらい》の重要《じゅうよう》な要素《ようそ》となります。

海や海の資源《しげん》を守るために、私《わたし》たちは何をすることができるでしょうか。

目標14：持続可能な開発のために海洋・海洋資源を保全し、持続可能な形で利用する

ターゲット

14.1 2025年までに、海洋ごみや富栄養化を含む、特に陸上活動による汚染など、あらゆる種類の海洋汚染を防止し、大幅に削減する。

14.2 2020年までに、海洋及び沿岸の生態系に関する重大な悪影響を回避するため、強靱性（レジリエンス）の強化などによる持続的な管理と保護を行い、健全で生産的な海洋を実現するため、海洋及び沿岸の生態系の回復のための取組を行う。

14.3 あらゆるレベルでの科学的協力の促進などを通じて、海洋酸性化の影響を最小限化し、対処する。

14.4 水産資源を、実現可能な最短期間で少なくとも各資源の生物学的特性によって定められる最大持続生産量のレベルまで回復させるため、2020年までに、漁獲を効果的に規制し、過剰漁業や違法・無報告・無規制（IUU）漁業及び破壊的な漁業慣行を終了し、科学的な管理計画を実施する。

14.5 2020年までに、国内法及び国際法に則り、最大限入手可能な科学情報に基づいて、少なくとも沿岸域及び海域の10パーセントを保全する。

14.6 開発途上国及び後発開発途上国に対する適切かつ効果的な、特別かつ異なる待遇が、世界貿易機関（WTO）漁業補助金交渉の不可分の要素であるべきことを認識した上で、2020年までに、過剰漁獲能力や過剰漁獲につながる漁業補助金を禁止し、違法・無報告・無規制（IUU）漁業につながる補助金を撤廃し、同様の新たな補助金の導入を抑制する。

14.7 2030年までに、漁業、水産養殖及び観光の持続可能な管理などを通じ、小島嶼開発途上国及び後発開発途上国の海洋資源の持続的な利用による経済的便益を増大させる。

14.a 海洋の健全性の改善と、開発途上国、特に小島嶼開発途上国および後発開発途上国の開発における海洋生物多様性の寄与向上のために、海洋技術の移転に関するユネスコ政府間海洋学委員会の基準・ガイドラインを勘案しつつ、科学的知識の増進、研究能力の向上、及び海洋技術の移転を行う。

14.b 小規模・沿岸零細漁業者に対し、海洋資源及び市場へのアクセスを提供する。

14.c 「我々の求める未来」のパラ158において想起されるとおり、海洋及び海洋資源の保全及び持続可能な利用のための法的枠組みを規定する海洋法に関する国際連合条約（UNCLOS）に反映されている国際法を実施することにより、海洋及び海洋資源の保全及び持続可能な利用を強化する。

（外務省仮訳）

目標《もくひょう》14を読《と》み解く手がかり

地球上の海は陸《りく》に比《くら》べると非常《ひじょう》に大きく、地球表面のおよそ7割《わり》が海ともいわれています。海の水は蒸発《じょうはつ》して水蒸気《すいじょうき》になります。大気の対流によって水蒸気が冷《ひ》やされて、雨となって陸にも降《ふ》ります。陸に降った雨は川の水となって、やがて海にもどります。ですから海の水は、地球全体を動いていることになります。海と陸は、切っても切れない関係《かんけい》にあるのです。また海中で起きている対流という現象《げんしょう》により、海中の水は立体的《てき》に移動《いどう》します。この移動は、地球の環境変《かんきょうへん》化《か》に大きく影響《えいきょう》をおよぼしています。海の環境を考えるということは、陸の環境や地球全体の環境を考えることでもあるのです。

海の水が移動《いどう》することによって、いろいろなものが一緒《いっしょ》に移動します。たとえば、プラスチック製品《せいひん》。プラスチックはペットボトル、レジ袋《ぶくろ》から、歯磨《はみが》き粉《こ》や化粧品《けしょうひん》にふくまれる微小《びしょう》なビーズまで、いろいろなところに使われています。自然《しぜん》界では分解《ぶんかい》されにくい性質《せいしつ》を持つプラスチック製品が一度海に流されると、分解されずにずっと海の中を流され続《つづ》けます。太平洋の一部には、海に流されたごみが集まる場所があります。そこには大量《たいりょう》のごみになったプラスチックがあるのです。

ごみになったプラスチックはしん食作用によって細かくなりますがなくなることはありません。細かくなったプラスチックを、魚がエサといっしょに食べることもあります。プラスチックは魚の体内でも分解されません。もし私たちの食卓《しょくたく》にあがる魚が、体内にいっぱいプラスチックを詰《つ》め込《こ》んだ後に漁師《りょうし》につかまえられているとしたらどう思いますか？

陸から流されたプラスチックは何千キロも流されるのです。海は１つにつながっているので、日本から遠く離《はな》れた赤道近くでとれた魚でも安心できません。ある一部の海で環境が汚染《おせん》された

目標《もくひょう》14　ターゲット14.c　「我々《われわれ》の求《もと》める未来《みらい》」のパラ158　について

「我々《われわれ》の求《もと》める未来《みらい》」とは、「リオ+20」の成果《せいか》文書です。リオ+20では、持続可能《じぞくかのう》な開発を達成《たっせい》する上でグリーン経済《けいざい》が重要《じゅうよう》なツールであると位置《いち》づけられました。成果《せいか》文書で「海洋」は、分野横断的《おうだんてき》なテーマのひとつとして独立項目《どくりつこうもく》で取り上げられ、パラ158〜177までの20パラグラフにわたって行動計画が書《か》き込《こ》まれました。

成果《せいか》文書「我々《われわれ》の望む未来《みらい》」(環境省《かんきょうしょう》　仮訳《かやく》)は、以下《いか》のURLで閲覧《えつらん》できます。
http://www.mri.co.jp/project_related/rio20/uploadfiles/rio20_seika_yaku.pdf

としても、海の水の移動によって全体に広がっていきます。

現在《げんざい》、海に流されやすいプラスチック製の袋やペットボトル、ストローなどは、使用禁止《きんし》にしようとする動きがあります。環境に影響《えいきょう》を与《あた》えるプラスチック製品をなくしてしまおうという考え方です。一方で、海水中の微生物の助けをかりて、プラスチックを二酸化炭素《にさんかたんそ》に分解《ぶんかい》してしまう製品を開発しようという動きもあります。

環境については、一つの方法《ほうほう》だけでことがらの解決に結《むす》びつくことは少ないのです。解決のためには複数《ふくすう》の試みが必要《ひつよう》です。いろいろな海洋の問題に対処《たいしょ》していくには一つの部分と全体が影響を与えあっていることや、一対一の対策だけではなく多対多の対策《たいさく》をたてて、多くの人がさまざまな形で参加《さんか》をすることができるような試《こころ》みが大切になってきます。

もしあなたが対策に参加するとしたら、誰《だれ》と、どんなことに取り組んでいきますか？

ハワイ・モロカイ島の海岸に押し寄せたプラスチックの山（アフロ）

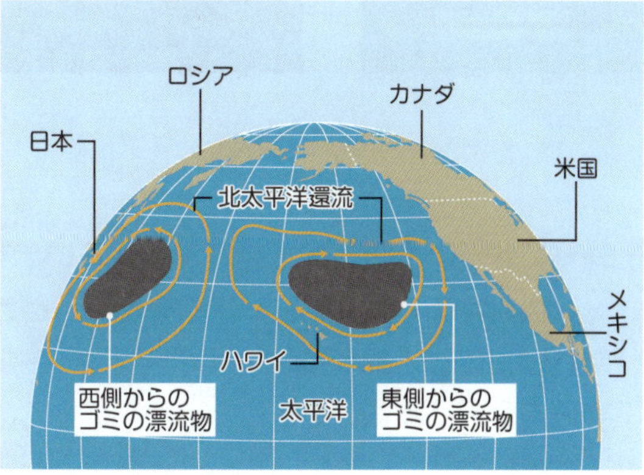

太平洋で発見された漂流するゴミの島

「我々《われわれ》の求《もと》める未来《みらい》」のパラ158

海洋

158.我々《われわれ》は、海洋が地球の生態系《せいたいけい》の統合《とうごう》された基本的要素《きほんてきようそ》を構成《こうせい》し、生態系《せいたいけい》を維持《いじ》するために不可欠《ふかけつ》であることを認識《にんしき》する。また、「国連海洋法条約《こくれんかいようほうじょうやく》(UNCLOS)」に則《のっと》って、海洋とその資源《しげん》を保存《ほぞん》し持続可能的《じぞくかのうてき》に利用《りよう》することを認識《にんしき》する。貧困《ひんこん》の撲滅《ぼくめつ》、長期に渡《わた》る経済成長《けいざいせいちょう》、食品の安全、持続可能《じぞくかのう》な生計とディーセントワークの創出《そうしゅつ》を通じ、同時に生物多様性《たようせい》と海洋環境《かんきょう》を保護《ほご》し、気候変動《きこうへんどう》の影響《えいきょう》にも対処《たいしょ》する、持続可能《じぞくかのう》な開発のための、海洋と海洋資源《しげん》の保存《ほぞん》と持続可能《じぞくかのう》な利用《りよう》の重要性《じゅうようせい》を強調する。従《したが》って、海洋と海洋の生態系《せいたいけい》の健康《けんこう》、生産性《せいさんせい》、耐久力《たいきゅうりょく》を保護《ほご》し、復元《ふくげん》することにコミットする。また、生物多様性《たようせい》を維持《いじ》・保存《ほぞん》し、現在《げんざい》と未来《みらい》の世代による持続可能《じぞくかのう》な利用《りよう》を実現《じつげん》し、持続可能《じぞくかのう》な開発の３つの側面《そくめん》を実現《じつげん》するために、国際法《こくさいほう》に従《したが》って、生態系《せいたいけい》の取り組みと、海洋環境《かんきょう》に影響《えいきょう》する行動の予防的《よぼうてき》取組みを効果的《こうかてき》に管理《かんり》に適用《てきよう》することにコミットする。

目標《もくひょう》15　陸上生態系《りくじょうせいたいけい》の保護《ほご》、回復《かいふく》および持続可能《じぞくかのう》な利用《りよう》の推進《すいしん》、森林の持続可能《じぞくかのう》な管理《かんり》、砂漠《さばく》化への対処《たいしょ》、土地劣化《れっか》の阻《そ》止《し》および逆転《ぎゃくてん》、ならびに生物多様性損失《たようせいそんしつ》の阻止《そし》を図る

（資料提供　国連広報センター）

森林には、いろいろな生物が生活しています。森林は人にとって食料《しょくりょう》を得《え》る場所であったり、住む場所であったり、建物《たてもの》を建《た》てるときの材料《ざいりょう》を手に入れたりする場所でした。
森林は、二酸化炭素《にさんかたんそ》を吸収《きゅうしゅう》したり、急激《きゅうげき》な気温の変化《へんか》をやわらげたりする働《はたら》きをしている場所でもあります。さらに、地表に落ちてきた雨水をその土地に蓄《たくわ》えたり、地面が水によってけずられることを防《ふせ》いだりする場所でもあります。
人口が増《ふ》えると、たくさんの食料《しょくりょう》が必要《ひつよう》になります。食料《しょくりょう》を得《え》るために、森林を破壊《はかい》し、農地をつくります。森林が少なくなると、気候《きこう》も変動《へんどう》しやすくなり、雨が少ない場所では、森林の木々が枯《か》れて、砂漠《さばく》のように植物が生育しにくい土地が広がります。
地球上で生活しているすべての種類《しゅるい》の生物は、どこかでつながっています。現在《げんざい》の地球で生活している生物の１種類《しゅるい》が絶滅《ぜつめつ》すると、めぐりめぐって、人の生活ができなくなるかもしれません。なるべく、絶滅《ぜつめつ》する生物を少なくする必要《ひつよう》があります。絶滅《ぜつめつ》する生物を少なくするためには、森林をふくめた生物が生活している環境《かんきょう》をそのままにしておく必要《ひつよう》があります。しかし、多くの人が生活するためには、人にとって生活のしやすい場所が必要《ひつよう》です。人をふくむ地球上のすべての生物が生活できる場所を保《たも》つことが、持続可能《じぞくかのう》な開発となります。どのようにすれば、そのような場所を保《たも》つことができるのでしょうか。

目標15：陸域生態系の保護、回復、持続可能な利用の推進、持続可能な森林の経営、砂漠化への対処、ならびに土地の劣化の阻止・回復及び生物多様性の損失を阻止する

ターゲット

15.1　2020年までに、国際協定の下での義務に則って、森林、湿地、山地及び乾燥地をはじめとする陸域生態系と内陸淡水生態系及びそれらのサービスの保全、回復及び持続可能な利用を確保する。

15.2　2020年までに、あらゆる種類の森林の持続可能な経営の実施を促進し、森林減少を阻止し、劣化した森林を回復し、世界全体で新規植林及び再植林を大幅に増加させる。

15.3　2030年までに、砂漠化に対処し、砂漠化、干ばつ及び洪水の影響を受けた土地などの劣化した土地と土壌を回復し、土地劣化に荷担しない世界の達成に尽力する。

15.4　2030年までに、持続可能な開発に不可欠な便益をもたらす山地生態系の能力を強化するため、生物多様性を含む山地生態系の保全を確実に行う。

15.5　自然生息地の劣化を抑制し、生物多様性の損失を阻止し、2020年までに絶滅危惧種を保護し、また絶滅防止するための緊急かつ意味のある対策を講じる。

15.6　国際合意に基づき、遺伝資源の利用から生ずる利益の公正かつ衡平な配分を推進するとともに、遺伝資源への適切なアクセスを推進する。

15.7　保護の対象となっている動植物種の密猟及び違法取引を撲滅するための緊急対策を講じるとともに、違法な野生生物製品の需要と供給の両面に対処する。

15.8　2020年までに、外来種の侵入を防止するとともに、これらの種による陸域・海洋生態系への影響を大幅に減少させるための対策を導入し、さらに優先種の駆除または根絶を行う。

15.9　2020年までに、生態系と生物多様性の価値を、国や地方の計画策定、開発プロセス及び貧困削減のための戦略及び会計に組み込む。

15.a　生物多様性と生態系の保全と持続的な利用のために、あらゆる資金源からの資金の動員及び大幅な増額を行う。

15.b　保全や再植林を含む持続可能な森林経営を推進するため、あらゆるレベルのあらゆる供給源から、持続可能な森林経営のための資金の調達と開発途上国への十分なインセンティブ付与のための相当量の資源を動員する。

15.c　持続的な生計機会を追求するために地域コミュニティの能力向上を図る等、保護種の密猟及び違法な取引に対処するための努力に対する世界的な支援を強化する。

（外務省仮訳）

目標《もくひょう》15を読み解《と》く手がかり

■生物多様性《たようせい》を守る～生物多様性条約《たようせいじょうやく》～

地球規模《きぼ》の広がりで生物多様性《たようせい》をとらえ、その保全《ほぜん》を目指すために1993年12月29日に発効《はっこう》した国際条約《こくさいじょうやく》が「生物多様性条約《たようせいじょうやく》」です。日本をはじめ194か国が、この条約《じょうやく》を結《むす》んでいます。

この条約《じょうやく》は、次の３つの大きな目標《もくひょう》をかかげています。

1　生物多様性《たようせい》の保全《ほぜん》

2　生物多様性《たようせい》の持続可能《じぞくかのう》な利用《りよう》

3　遺伝資源《いでんしげん》の利用《りよう》から生じる利益《りえき》の公正かつ平衡《へいこう》な配分

これまでに開かれた13回の国際会議《こくさいかいぎ》では、目標《もくひょう》に対していろいろな議論《ぎろん》と決定がなされ、その結果《けっか》の概要《がいよう》は、外務省《がいむしょう》などによって発表されています。私《わたし》たちが意識をすれば目にすることができるようになっています。

●生物多様性《たようせい》と環境《かんきょう》の保全《ほぜん》

地球上のさまざまな場所には、いろいろな種類《しゅるい》の生物が生活しています。それぞれの場所で生活している生物は、その場所の環境《かんきょう》に合わせた生活をしています。環境《かんきょう》が変化《へんか》するスピードと程《てい》度《ど》によっては生物が生きていけなくなることがあります。たとえばモンシロチョウの幼虫《ようちゅう》は、アブラナ科の植物の葉をえさとします。アブラナ科の植物が生育していない環境《かんきょう》では、モンシロチョウは生活できません。だから、ある場所からアブラナ科の植物が全滅《ぜつめつ》してしまえば、モンシロチョウも全滅《ぜつめつ》します。このような極端《きょくたん》な環境変化《かんきょうへんか》を人がつくり出すこともあります。また、火山の噴火《ふんか》など自然現象《げんしょう》が極端《きょくたん》な環境変化《かんきょうへんか》を引き起こすこともあります。地球の今までの歴史《れきし》の中でも、さまざまな種類《しゅるい》の生物が絶滅《ぜつめつ》してきました。地球環境《かんきょう》の変化《へんか》によって、ある種類《しゅるい》の生物が絶滅《ぜつめつ》することは、歴史上《れきしじょう》あたりまえのことです。実際《じっさい》に、恐竜《きょうりゅう》が絶滅《ぜつめつ》しました。

では、なぜ、今、生物が絶滅《ぜつめつ》するのを防《ふせ》ぐ動きがはじまっているのでしょうか。その一つの理由が、絶滅《ぜつめつ》する生物の種類《しゅるい》の多さだといわれています。ある報告《ほうこく》によると、100年前は、１年間に１種類《しゅるい》の割合《わりあい》で生物が絶滅《ぜつめつ》していましたが、現在《げんざい》は１日に約《やく》100種類《しゅるい》の生物が絶滅《ぜつめつ》しているそうです。これは、考えられないほどの速さなのです。生物の多様性《たようせい》を守るという目標《もくひょう》は、私《わたし》たちのためにもなります。生物が絶滅《ぜつめつ》する速さを自然現象《げんしょう》で減《へ》る速さに近づけることで、地球の環境《かんきょう》を保《ほ》全《ぜん》していくことができるのです。

トキという鳥の保護《ほご》を例にあげます。トキは人工的《じんこうてき》にふ化させられ、人が育てます。そして成長《せいちょう》したトキを放し、トキが自然の中で卵《たまご》を産《う》み、ひなが育つように環境《かんきょう》を整備《せいび》します。環境《かんきょう》整備《せいび》のひとつが“食”。トキが食べるえさはカエルや昆虫《こんちゅう》などです。カエルや昆虫《こんちゅう》が豊富《ほうふ》に生活できる場所をつくるために、田んぼや畑で使う農薬を減《へ》らしたり、冬でも田んぼに水をはったりして、カエルや昆虫《こんちゅう》が生きていける環境《かんきょう》をつくりだしてトキが育つ環境《かんきょう》を整えていきます。ある１種類《しゅるい》の生物が絶滅《ぜつめつ》しないように守るためには、その生物が生きている環境《かんきょう》を守ることが不可欠《ふかけつ》です。私《わたし》たちが地球全体で生物の絶滅《ぜつめつ》を防《ふせ》ぐことに取り組むことで、地球の環境《かんきょう》について考え、さまざまな生物がともに生きていく環境《かんきょう》を整えることになります。

地球全体を考えるための模範解答《もはんかいとう》は、だれも知りません。

いろいろなことを試《ため》しながら、未来のために地球全体の環境《かんきょう》を整えていきましょう。

●生物多様性《たようせい》の利用《りよう》と遺伝資源《いでんしげん》

同じ種類《しゅるい》の生物がちがう特徴《とくちょう》を持つことは、遺伝子《いでんし》の多様性《たようせい》とも、遺伝資源《いでんしげん》ともよばれています。人間はこの多様性《たようせい》を利用《りよう》して、人間にとって都合のよい植物を研究しています。

たとえば人間は、イネ、ムギ、トウモロコシなどいろいろな植物を育てて食料《しょくりょう》としています。その中のひとつであるイネは、もともと熱帯《ねったい》の地域《ちいき》で育つ植物ですが、長い時間をかけて、より寒さに強いイネをさがし、選《えら》び、育てることに成功《せいこう》してきました。また他の植物でも、産業としての効率性を高めるために、同じような時期に花をつけ、同じような時期に収穫《しゅうかく》できるようにするための研究が続《つづ》けられています。

また、植物が作り出す物質《ぶっしつ》には、人間にとって薬になるものもあります。たとえば、イベルメクチンという薬は、人間やウシなどにつく寄生虫《きせいちゅう》を駆除《くじょ》する薬ですが、これは、静岡県《しずおかけん》にあるゴルフ場の土から発見されたある菌《きん》がつくる物質《ぶっしつ》から開発されたものです。

このように、人間は生物が多様であることを利用《りよう》しています。つまり、生物の多様性《たようせい》がなくなることは、人間の生活にも影響《えいきょう》するともいえるのです。

生物の利用《りよう》のさらなる問題

人間にとって有効《ゆうこう》な薬になる生物が存在《そんざい》していることがわかったとしましょう。では、人間にとって薬になるその生物は、誰《だれ》のものなのでしょうか。もしもその生物がアフリカなど森林内に育っている植物だった場合、その植物はその場所に住んでいる人のものでしょうか。植物を薬にするために集めた人のものなのでしょうか。それとも、薬をつくった人のものでしょうか。つくった薬の効果《こうか》が高く、売れれば売れるほどこのことは大きな問題になります。

薬を売ってもうけたお金はだれものでしょうか。当然、薬をつくった人がもらいますが、その人だけが利益《りえき》を得《え》てよいのでしょうか。このような利益《りえき》の問題について目を向けていくことも、多様性《たようせい》や生物の絶滅《ぜつめつ》を防《ふせ》ぐために大切なことの一つなのですが、だれも正解《せいかい》を見つけられていません。

どのようにして解決《かいけつ》していきましょうか。

目標《もくひょう》16　持続可能《じぞくかのう》な開発に向けて平和で包摂的《ほうせつてき》な社会を推進《すいしん》し、すべての人々に司法《しほう》へのアクセスを提供《ていきょう》するとともに、あらゆるレベルにおいて効果的《こうかてき》で責任《せきにん》ある包摂的《ほうせつてき》な制度《せいど》を構築《こうちく》する

（資料提供　国連広報センター）

他者に、自分が考えた通りに行動してもらうには、いくつかの方法《ほうほう》があります。そのひとつは、暴力《ぼうりょく》による方法《ほうほう》です。なぐったり、けったりすることから始まり、武器《ぶき》をもっておどし、ついには国どうしで戦争《せんそう》するということにまで発展《はってん》します。暴力《ぼうりょく》という手段《しゅだん》では、持続可能《じぞくかのう》な開発は進みません。世界に住む一人ひとりの行動が持続可能《じぞくかのう》な開発につながるための方法《ほうほう》のひとつに、みんなが納得《なっとく》する法律《ほうりつ》を定めることがあげられます。

暴力《ぼうりょく》によって死亡《しぼう》する人や、財産《ざいさん》を取られる人をなくしていかなくてはなりません。持続可能《じぞくかのう》な開発を進めるために、家庭、社会、国家などのいろいろな場面で暴力《ぼうりょく》をなくす必要《ひつよう》があります。そのためには、世界の人々が法律《ほうりつ》を理解《りかい》し、法律《ほうりつ》を守る行動をすることが大切です。この法律《ほうりつ》は、全世界でまったく同じである必要《ひつよう》はありません。法律《ほうりつ》の内容《ないよう》が持続可能《じぞくかのう》な開発を目指していれば、国や地域《ちいき》、場所、住む人々が持つ文化によってちがう法律《ほうりつ》でよいのです。

世界全体の人々が納得《なっとく》できる、持続可能《じぞくかのう》な開発の方向にある法律《ほうりつ》とはどのようなものでしょうか。そして、地域《ちいき》によるちがいのある法律《ほうりつ》はなぜ必要《ひつよう》なのでしょうか。さらに、その法律《ほうりつ》を知り、納得《なっとく》し、行動するためには、どのようなことが必要《ひつよう》となるでしょうか。

目標16：持続可能な開発のための平和で包摂的な社会を促進し、すべての人々に司法へのアクセスを提供し、あらゆるレベルにおいて効果的で説明責任のある包摂的な制度を構築する

ターゲット

16.1　あらゆる場所において、すべての形態の暴力及び暴力に関連する死亡率を大幅に減少させる。

16.2　子どもに対する虐待、搾取、取引及びあらゆる形態の暴力及び拷問を撲滅する。

16.3　国家及び国際的なレベルでの法の支配を促進し、すべての人々に司法への平等なアクセスを提供する。

16.4　2030年までに、違法な資金及び武器の取引を大幅に減少させ、奪われた財産の回復及び返還を強化し、あらゆる形態の組織犯罪を根絶する。

16.5　あらゆる形態の汚職や贈賄を大幅に減少させる。

16.6　あらゆるレベルにおいて、有効で説明責任のある透明性の高い公共機関を発展させる。

16.7　あらゆるレベルにおいて、対応的、包摂的、参加型及び代表的な意思決定を確保する。

16.8　グローバル・ガバナンス機関への開発途上国の参加を拡大・強化する。

16.9　2030年までに、すべての人々に出生登録を含む法的な身分証明を提供する。

16.10　国内法規及び国際協定に従い、情報への公共アクセスを確保し、基本的自由を保障する。

16.a　特に開発途上国において、暴力の防止とテロリズム・犯罪の撲滅に関するあらゆるレベルでの能力構築のため、国際協力などを通じて関連国家機関を強化する。

16.b　持続可能な開発のための非差別的な法規及び政策を推進し、実施する。

（外務省仮訳）

目標《もくひょう》16を読み解《と》く手がかり

目標《もくひょう》16のキーワードは、「PEACE」「JUSTICE」「STRONG INSTITUTIONS」の三つです。

最初《さいしょ》のキーワードである「PEACE」は、明治以降《めいじいこう》「平和」と訳《やく》されています。「平和」とは、どのような状態《じょうたい》を指すのでしょうか？

人類《じんるい》の歴史《れきし》は「戦争《せんそう》の歴史《れきし》」であったということができます。「平和」という状態《じょうたい》を実現《じつげん》しようという背景《はいけい》には、さまざまな「戦《たたか》い」や「暴力《ぼうりょく》」が各地《かくち》に存在《そんざい》する現状《げんじょう》があります。毎日のニュースに耳を傾《かたむ》けると、紛争《ふんそう》や内戦《ないせん》といった「戦《たたか》い」、テロや虐待《ぎゃくたい》などの「暴力《ぼうりょく》」が、さまざまな形で報道《ほうどう》されています。それらがなくなった「平和」という状態《じょうたい》とは、どのような状態《じょうたい》なのか？　一度、想像《そうぞう》してみる時間をつくってみましょう。想像《そうぞう》できるものは必《かなら》ず、創造《そうぞう》されてきたという人類《じんるい》の歴史《れきし》があります。想像《そうぞう》することが「平和」の実現《じつげん》への一歩になるかもしれません。

二つ目のキーワードは、「JUSTICE」です。日本語の訳《やく》としては「公正」が当てられています。「公正」とは、日本語大辞典《だいじてん》によれば「公平でかたよっていないこと。明白で正しいこと。また、そのさま」とあります。

目標《もくひょう》16はすべての人が司法《しほう》へのアクセスができることが大切だと述《の》べています。私《わたし》たちの暮《く》らしにおいて「法《ほう》」とは一体、どのようなものなのでしょうか？　人類《じんるい》の歴史《れきし》は「戦争《せんそう》の歴史《れきし》」であったといいましたが、言い換《か》えるとそれは「法《ほう》の歴史《れきし》」であったともいえます。私《わたし》たちは、どのようにして「法《ほう》」を育て、「法《ほう》」とともに暮《く》らしてきたのでしょうか？　現在《げんざい》の世界の多くの組織《そしき》は、さまざまなレベルの「法《ほう》」というものの中で動いています。改《あらた》めて、「法《ほう》」と私《わたし》たちの暮《く》らしを結《むす》びつけてみると、目標《もくひょう》16がかかげられている意味を見つめることができそうです。

三つ目のキーワードは、「STRONG INSTITUTIONS」です。STRONGには、強い、力がある、強靭《きょうじん》な、道徳的《どうとくてき》・精神的《せいしんてき》にしっかりとした、という意味があります。INSTITUTIONには、制度《せいど》、法令《ほうれい》、慣例《かんれい》、公共団体《こうきょうだんたい》、公共施設《こうきょうしせつ》といった意味があります。

平和で公正な社会を創《つく》り、維持《いじ》していくためには制度《せいど》や機関《きかん》が存在《そんざい》することが不可欠《ふかけつ》です。では、どういった制度《せいど》や機関《きかん》が「STRONG INSTITUTIONS」といえるのでしょうか？

ここから、三つのキーワードの関係《かんけい》に目を向けていきます。

「PEACE」と「JUSTICE」を実現《じつげん》するためには、「STRONG INSTITUTIONS」が必要《ひつよう》であると考えることもできます。また、「PEACE」のためには、「JUSTICE」が必要《ひつよう》で、そのためには「STRONG INSTITUTIONS」が必要《ひつよう》であるとも考えることができます。いやいや、「PEACE」

「JUSTICE」「STRONG INSTITUTIONS」の三つがそれぞれに成熟《せいじゅく》することが必要《ひつよう》なのだと考えることも……。

「PEACE」「JUSTICE」「STRONG INSTITUTIONS」の三つのキーワードが目標《もくひょう》16でかかげられていることで、他の目標《もくひょう》を達成《たっせい》するためにどのような影響《えいきょう》があると思いますか？

SDGsのとらえ方

SDGsのそれぞれのゴールは、経済《けいざい》、社会、地球環境《かんきょう》の三つの項目《こうもく》でとらえることができます。三つの項目《こうもく》は、人が生きていくときに欠《か》かせないものと言い換《か》えることもできます。目標《もくひょう》17は、SDGsを人類《じんるい》が達成《たっせい》する際《さい》の人と人とのつながりを表しているともいえます。他にも、17のゴールのとらえ方はさまざまあります。17のゴールをどのようにとらえ、主体的《しゅたいてき》に取り組んでいきますか？

目標《もくひょう》17　持続可能《じぞくかのう》な開発に向けて実施手段《じっししゅだん》を強化し、グローバル・パートナーシップを活性化《かっせいか》する

（資料提供　国連広報センター）

持続可能《じぞくかのう》な開発を成功《せいこう》させるためには、地球上にある国どうし、企業《きぎょう》どうし、住民《じゅうみん》どうしが協力《きょうりょく》しあう必要《ひつよう》があります。人間と地球を中心にすえた価値観《かちかん》を地球に住む全員が共有《きょうゆう》して行動し、いろいろな人々がいろいろなつながりで協力《きょうりょく》し合っていかなくてはなりません。持続可能《じぞくかのう》な開発を行うためには、世界中の人々に、電気、ガス、水道、下水、道路、通信《つうしん》などの設備《せつび》が必要《ひつよう》だといわれています。先進国が現在利用《げんざいりよう》している設備《せつび》はたくさんありますが、開発途上国《とじょうこく》は、これらの設備《せつび》が先進国と比《くら》べると少ないのです。このため、先進国と開発途《と》上国《じょうこく》は協力《きょうりょく》し合いながら、さまざまな設備《せつび》を整えていきます。設備《せつび》を整えるためには、設《せつ》備《び》開発や維持《いじ》のための技術《ぎじゅつ》も、材料費《ざいりょうひ》や人件費《じんけんひ》などのお金も必要《ひつよう》です。協力関係《きょうりょくかんけい》にある国や人々は、それぞれの地域《ちいき》に合わせた整備《せいび》の方法《ほうほう》を考え、技術《ぎじゅつ》やお金を援助《えんじょ》します。技術《ぎじゅつ》やお金を援助《えんじょ》される側《がわ》と援助《えんじょ》する側《がわ》は、持続可能《じぞくかのう》な開発に向けた共通《きょうつう》の目標《もくひょう》を理解《りかい》しておく必要《ひつよう》があります。また、援助《えんじょ》するための技術《ぎじゅつ》やお金が的確《てきかく》に使われているかを監視《かんし》するしくみや法《ほう》律《りつ》をつくる必要《ひつよう》があります。

目標17：持続可能な開発のための実施手段を強化し、グローバル・パートナーシップを活性化する

ターゲット

17.1 課税及び徴税能力の向上のため、開発途上国への国際的な支援なども通じて、国内資源の動員を強化する。

17.2 先進国は、開発途上国に対するODAをGNI比0.7%に、後発開発途上国に対するODAをGNI比0.15～0.20%にするという目標を達成するとの多くの国によるコミットメントを含むODAに係るコミットメントを完全に実施する。ODA供与国が、少なくともGNI比0.20%のODAを後発開発途上国に供与するという目標の設定を検討することを奨励する。

17.3 複数の財源から、開発途上国のための追加的資金源を動員する。

17.4 必要に応じた負債による資金調達、債務救済及び債務再編の促進を目的とした協調的な政策により、開発途上国の長期的な債務の持続可能性の実現を支援し、重債務貧困国（HIPC）の対外債務への対応により債務リスクを軽減する。

17.5 後発開発途上国のための投資促進枠組みを導入及び実施する。

17.6 科学技術イノベーション（STI）及びこれらへのアクセスに関する南北協力、南南協力及び地域的・国際的な三角協力を向上させる。また、国連レベルをはじめとする既存のメカニズム間の調整改善や、全世界的な技術促進メカニズムなどを通じて、相互に合意した条件において知識共有を進める。

17.7 開発途上国に対し、譲許的・特恵的条件などの相互に合意した有利な条件の下で、環境に配慮した技術の開発、移転、普及及び拡散を促進する。

17.8 2017年までに、後発開発途上国のための技術バンク及び科学技術イノベーション能力構築メカニズムを完全運用させ、情報通信技術（ICT）をはじめとする実現技術の利用を強化する。

17.9 すべての持続可能な開発目標を実施するための国家計画を支援するべく、南北協力、南南協力及び三角協力などを通じて、開発途上国における効果的かつ的をしぼった能力構築の実施に対する国際的な支援を強化する。

17.10 ドーハ・ラウンド（DDA）交渉の結果を含めたWTOの下での普遍的でルールに基づいた、差別的でない、公平な多角的貿易体制を促進する。

17.11 開発途上国による輸出を大幅に増加させ、特に2020年までに世界の輸出に占める後発開発途上国のシェアを倍増させる。

17.12 後発開発途上国からの輸入に対する特恵的な原産地規則が透明で簡略的かつ市場アクセスの円滑化に寄与するものとなるようにすることを含む世界貿易機関（WTO）の決定に矛盾しない形で、すべての後発開発途上国に対し、永続的な無税・無枠の市場アクセスを適時実施する。

17.13 政策協調や政策の首尾一貫性などを通じて、世界的なマクロ経済の安定を促進する。

17.14 持続可能な開発のための政策の一貫性を強化する。

17.15 貧困撲滅と持続可能な開発のための政策の確立・実施にあたっては、各国の政策空間及びリーダーシップを尊重する。

17.16 すべての国々、特に開発途上国での持続可能な開発目標の達成を支援すべく、知識、専門的知見、技術及び資金源を動員、共有するマルチステークホルダー・パートナーシップによって補完しつつ、持続可能な開発のためのグローバル・パートナーシップを強化する。

17.17 さまざまなパートナーシップの経験や資源戦略を基にした、効果的な公的、官民、市民社会のパートナーシップを奨励・推進する。

17.18 2020年までに、後発開発途上国及び小島嶼開発途上国を含む開発途上国に対する能力構築支援を強化し、所得、性別、年齢、人種、民族、居住資格、障害、地理的位置及びその他各国事情に関連する特性別の質が高く、タイムリーかつ信頼性のある非集計型データの入手可能性を向上させる。

17.19 2030年までに、持続可能な開発の進捗状況を測るGDP以外の尺度を開発する既存の取組を更に前進させ、開発途上国における統計に関する能力構築を支援する。

（外務省仮訳）

17 パートナーシップで目標を達成しよう

目標《もくひょう》17を読《と》み解く手がかり

SDGsの目標《もくひょう》の中でも目標《もくひょう》17は異質《いしつ》です。目標《もくひょう》1～16までがそれぞれ一つの開発分野を扱《あつか》うのに対して、目標《もくひょう》17は目標《もくひょう》に向けて世界各国《かっこく》およびさまざまな機関《きかん》や人々が行動を起こしていく際《さい》の促進要因《そくしんよういん》や阻害要因《そがいよういん》をリストアップした包括的《ほうかつてき》な枠組《わくぐ》みとなっています。目標《もくひょう》17は、目標《もくひょう》1～16までの各《かく》開発分野の計画を実現《じつげん》するための方向性《ほうこうせい》や方法《ほうほう》を提供《ていきょう》するものであるといえます。

17の目標《もくひょう》それぞれがかかげるターゲットの中には、測定可能《そくていかのう》な数値目標《すうちもくひょう》が設定《せってい》されているものといないものがあります。設定《せってい》されているものはどのくらいあると思いますか？　確認《かくにん》してみると、測定可能《そくていかのう》な数値目標《すうちもくひょう》が設定《せってい》されているターゲットは169のうちほんの少しです。ぜひ、調べてみてください。

そして、測定可能《そくていかのう》な数値目標《すうちもくひょう》が設定《せってい》されていないターゲットには、たとえば「推進《すいしん》する」といった具体性《ぐたいせい》に欠《か》ける表現《ひょうげん》が使われています。なぜ、測定《そくてい》できないのでしょうか？　また、測定《そくてい》できないことは、どんな表現《ひょうげん》で示《しめ》されているでしょうか？　使われている言葉に線を引きながら、使われている表現《ひょうげん》を確認《かくにん》したり、測定《そくてい》できない理由に思いをめぐらせてみたりすることもできそうです。

目標《もくひょう》17のターゲットには、金融《きんゆう》と貿易《ぼうえき》、技術移転《ぎじゅついてん》、能力構築《のうりょくこうちく》、多様な利害関係者間《りがいかんけいしゃかん》で築《きず》き上げるパートナーシップ、モニタリングといった分野が網羅《もうら》されています。これらのターゲットは、数値《すうち》では測定《そくてい》できないことを実現《じつげん》させるためには、どのような創意工夫《そういくふう》が必要《ひつよう》になるかを考える手がかりになりそうです。

ここで改《あらた》めて、“SDGsの担《にな》い手は誰《だれ》？”という問いを立てましょう。
担《にな》い手は国家でしょうか？　どこかの専門機関《せんもんきかん》でしょうか？
あなたでしょうか？　私《わたし》でしょうか？

SDGsは、国家にしても個人《こじん》にしても、誰《だれ》かにやらされるものではなく、自発的《じはつてき》なものです。その成功《せいこう》と失敗《しっぱい》は、さまざまな主体の積極的《せっきょくてき》な参加《さんか》と合意形成《けいせい》によって大きく左右されるものなのです。

最後《さいご》に、一つのユーモアあふれる物語をご紹介《しょうかい》して終わりたいと思います。

Everybody, Somebody, Anybody, and Nobody

This is a story about four people named
Everybody, Somebody, Anybody, and Nobody.
There was an important job to be done and
Everybody was sure that Somebody would do it.
Anybody could have done it, but Nobody did it.
Somebody got angry because it was Everybody's job.
Everybody thought Anybody could do it,
but Nobody realized that Somebody wouldn't do it.
It ended up that Everybody blamed Somebody
when Nobody did what Anybody could have done.

-Author Unknown

「みんな」「誰《だれ》か」「誰《だれ》でも」そして「誰《だれ》も」

これは四人の物語。四人は、「みんな」「誰《だれ》か」「誰《だれ》でも」、そして「誰《だれ》も」。
ある大事な仕事、しないといけない仕事がありました。
「みんな」は「誰《だれ》か」がやるはずだと思っていました。
「誰《だれ》でも」できるはずのこと、でも「誰《だれ》も」しませんでした。
「誰《だれ》か」は怒《おこ》りました。「みんな」の仕事だったのだからと。
「みんな」は「誰《だれ》でも」できるはずと思っていましたが、
「誰《だれ》か」がやるようには「誰《だれ》も」しなかったのです。
「誰《だれ》でも」できることを「誰《だれ》も」しなかったあげく、
「みんな」は「誰《だれ》か」を非難《ひなん》して、
おしまいにしてしまいました。

2030年の社会がこの物語が描《えが》くような状 態《じょうたい》でないことを祈《いの》りつつ……。

第3章　私学《しがく》とSDGsを重ねていこう

SDGsを私学《しがく》の入試《にゅうし》問題と重ねて見る

目標《もくひょう》5で示《しめ》されているターゲットの一つには、「あらゆる場所におけるすべての女性及《じょせいおよ》び女児《じょじ》に対するあらゆる形態《けいたい》の差別《さべつ》を撤廃《てっぱい》する」と書かれています。このターゲットだけを読むと、“あまり自分には関係《かんけい》ないなぁ”と感じる人がいるかもしれません(また、とても大切で自分に関係《かんけい》があると思う人もいるかもしれません)。この課題《かだい》に正面から向き合うことのできる入試《にゅうし》問題が、国《こく》連《れん》サミットでSDGsが採択《さいたく》される10年以上《いじょう》前から出題されています。その一つが、2004年に出題された光塩女子学院中学校(社会)の問題です。

次にあげる例文のうち、「ジェンダーフリー」の観点からみて、あなたが問題があると思うものを一つ選び、どのような点が問題だと思うかを説明して下さい。

※ジェンダーフリーとは:
「男」「女」という生物的な性のちがいに関して、「男らしさ」「女らしさ」といったような決まった見方をしないようにすることを指す。

あ　学校の名簿は男子が先になっているので、並ぶときもいつも男子が前だ。

い　児童会長は男子で、副会長は女子と決められている。

う　女子が黒いランドセルを買ったら、「女のくせに」とからかわれた。

あなたは三つのうちの何を選《えら》び、どのような点が問題だと思いましたか。
この学校に入ったら、どんな学びが待っていると感じますか。

2015年９月に国連《こくれん》サミットで採択《さいたく》された「持続可能《じぞくかのう》な開発のための2030アジェンダ(SDGs)」を中学入試《にゅうし》問題に重ねると、じつはSDGsが採択《さいたく》されるずっと以前《いぜん》から、私学《しがく》はこのゴールに向け動き出していたことが読み取れます。ここでは、入試《にゅうし》問題とSDGsを重ねて見ていきましょう。

●大妻中野中学校　算数（2015年）

私《わたし》たちの日常《にちじょう》には、生活を便利《べんり》にしてくれるものやしくみがたくさんあります。それらのしくみは、算数や数学と深くかかわっていることがあります。2015年に出題された大妻中野中学校（算数）の問題は、バーコードのしくみが2進法《しんほう》の原理から成《な》り立っていることを素材《そざい》としています。この問題は、「目標《もくひょう》9　産業《さんぎょう》と技術革新《ぎじゅつかくしん》の基盤《きばん》をつくろう」と関わりが強いといえそうです。

バーコードは、情報管理《じょうほうかんり》や商品管理《かんり》に欠《か》かせないものです。3cmほどのバーコードには、多くの情報《じょうほう》がつめ込《こ》まれています。そして、バーコードは、機械《きかい》を使ってその情報《じょうほう》を一瞬《いっしゅん》で読み取り、表示《ひょうじ》したり、世界中で共有《きょうゆう》したりすることができます。そんなバーコードのしくみは、算数・数学で学ぶ内容で説明することができます。

産業《さんぎょう》や技術《ぎじゅつ》を構成《こうせい》する一つひとつの要素《ようそ》に目を向けることが、科学技術《ぎじゅつ》の発展《はってん》へとつながっていきます。この問題に取り組むことによって、それを自分ごととしてとらえる機会《きかい》と出あうことができます。

同じ大きさの4つの長方形が並んでいます。ある規則にしたがってこれに斜線《しゃせん》を引き、整数を表すことにします。次の図はこの規則にしたがって、0から8までの整数を表したものです。このとき、後の問いに答えなさい。

0　1　2　3　4　5　6　7　8

問　このしくみを利用したのがバーコードです。オリジナルのバーコードを作ってみることにしました。学年、クラス、出席番号の順に間をあけずに表すとします。
例えば、学年を表すのに2個の長方形、クラスを表すのに2個の長方形、出席番号を表すのに4個の長方形を使うと、2年3組9番の生徒のバーコードは、合計8個の長方形を使って右の図のようになります。
しかし、この方法では、4年を表すことや、出席番号16番を表すことなどができません。では、1年から6年まで、クラスが1組から6組まで、出席番号が1番から40番までの学校でこのバーコードを使うとき、長方形の数は何個必要ですか。この問題は、考え方も書きなさい。

2015年
中学入試問題
大妻中野中学校
からの出題
シカクいアタマをマルくする。
日能研
未来へのチカラ
結果だけでなく、
そこにいたるプロセスを
大事にしたい。
（ある受験生の言葉）
考えるプロセスこそが「学び」。
だからワクワク！だから楽しい！
ようこそ、
中学入試問題ワールドへ。

あなたはこの問題と出あって、何を感じた？

●日本大学豊山女子中学校　国語（2011年）

16 平和と公正をすべての人に　17 パートナーシップで目標を達成しよう

持続可能《じぞくかのう》な開発を進めていくための一つの方法《ほうほう》として、みんなが納得《なっとく》する法律《ほうりつ》を定めることがあげられます。国や地域《ちいき》、そして人によっても、背景《はいけい》にある文化や持っている価値観《かちかん》が異《こと》なります。それぞれが大切にしている文化や価値観《かちかん》があるのです。それぞれの文化や価値観《かちかん》をお互《たが》いに認《みと》めながら、平和で公正な社会を創《つく》っていくためには、どのようなことができるのでしょうか。

「目標《もくひょう》16　平和と公正をすべての人に」や「目標《もくひょう》17　パートナーシップで目標《もくひょう》を達成《たっせい》しよう」とつながりが強い問題が、2011年に日本大学豊山女子中学校で出題されました。この問題が実際《じっさい》に入試《にゅうし》で出題されたのは2011年ですが、今後も普遍的《ふへんてき》に私《わたし》たちが他者と共《とも》に生きることについて考えるきっかけを示《しめ》している問題だといえます。自分とは違《ちが》う他者と、お互《たが》いを認《みと》め合いながら、共《とも》に存在《そんざい》するということは、昔も今も、子どもにとっても大人にとっても大切なことです。

「批判」と「批評」はどう違うのかな？

「自己ルール」ってどうやってつくられていくのだろう？

次の文章を読んで、後の問いに答えなさい。

友だちどうして「批評」がしあえる、というのは、じつは、互《たが》いに「自己ルール」を交換《こうかん》しあっているということです。「自己ルール」とは、その人がいつの間にか身につけている「よい－悪い」のルール、また「美醜《びしゅう》」のルールです。「美醜のルール」は簡単に言うと、各人が身につけた美的センス、美意識です。自己ロマンの強い人は、美醜のルールが強く形成される傾向《けいこう》がある。

ともあれ、高校くらいまでに、人間は、自分の「よい－わるい」と「美醜」のルールを形成していく。で、「自己意識」が強くなるにしたがって、それでいろんなものを「批判」（趣味判断）するようになる。でも、大事なのは、いろんなものを「批評」しあうことで、友だちと自分の「自己ルール」を交換しあい、確かめあい、そしてそのことでそれを調整しあっていくということです。

（中略）

ふつうは、自分のメガネが歪んでいるのか、色がついているのか、誰にも決して分からない。このことに気がつくのは、他人がみているものと、自分が見ているものとの違い、偏《かたよ》りに気づくときだけです。これを「視線の偏差《へんさ》」とか「視差」と言います。

もしわれわれが、自分の好き嫌い、つまり趣味判断だけで生きていれば、「自己ルール」の形がどうなっているのか、理解することはできない。「批評」しあうことではじめて、人は自分の「良し悪《あ》し・美醜」のルールが他人と違うことに気づき、またそれを交換することができるのです。

もちろん、他の人もみな自分の「自己ルール」を自分のメガネとしてかけている。だから、例えば相手の感受性や美意識が「正しい」とはかぎらない。厳密に言うと、すべての人が自分なりの「メガネ」をかけているので、絶対に正しい「メガネ」というものはないのです。

しかし、われわれは相互《そうご》の批評を通して、さまざまな人の「自己ルール」と自分の「自己ルール」との偏差を少しずつ理解し、そのことではじめて自分の「自己ルール」の大きな傾向性や問題性を了解《りょうかい》することができるわけです。

竹田青嗣『中学生からの哲学「超」入門――自分の意志を持つということ』筑摩書房

問　あなたは友だちづきあいて相手と自分の「自己ルール」の違いに気付いたときどのような行動をとるべきだと思いますか。筆者の考えをもとに自分の考えを述べなさい。

シカクいアタマをマルくする。
日能研
2011年
中学入試問題
日本大学豊山女子中学校からの出題
※一部改題
～未来へのチカラ～
受験生自身に文章を書いてもらい、いろいろな表現をしてもらって、多様な考え方を見たい。
（ある中学校の先生の言葉）
そんな、多様性との出会いがいっぱいの中学入試問題ワールドへ、ようこそ！

あなたの中に浮かんだ問いを書いてみよう。

この問題についてのあなたの考えを書いてみよう！

●横浜女学院中学校　国語（2016年）

解決策は一つではないかも？

「若い人」と「お年寄り」では、抱えている「問題」は違うかも？

次の文章を読んで、あとの問いに答えなさい。（字数に制限のある問いは、句読点や記号も1字に数えます。）

（略）

二〇一一年四月中旬から五月の連休にかけて避難所を訪れ、調査をして私たちが見たものは、体育館の床に、布団一枚のスペースしか与えられず、間仕切りもなく、人々が密集して雑魚寝《ざこね》をしている避難所の風景でした。食べ物も、ボランティアの炊《た》き出しがない普通の日は、菓子パンとおにぎりだけ。栄養価は著しく偏《かたよ》っていました。

（略）

私たちはこうした避難所の実態について、次々にステートメント（※1）や報告書のかたちで発表し、メディアに送ったり、周囲で共有したりしました。ツイッター、フェイスブック（※2）が普及《ふきゅう》し始めた時期で、こうした情報はあっという間に市民の間で共有され、リツイートやシェア（※3）をされ、活用されました。

当時、様々な支援団体が活動していましたが、多くの団体は当然ながら自ら支援を行うのに手いっぱいのようでした。支援のあり方に問題がある、行政はもっと対応すべき、という「政策提言型」NGO（※4）は少なかったのです。そこで私たちは政府交渉の場に参加したり、メディアに働きかけたりして、問題を共有し、支援の改善を政府に求めました。

（略）

二〇一一年夏から冬にかけて、避難者の多くが仮設住宅に移行しました。しかし、多くのお年寄りは最後まで避難所に残っていました。仮設住宅に移行した途端《とたん》、食糧、医療、移動支援を打ち切るという国の政策が影を落としていたのです。「仮設住宅に行くと自立しなくてはいけない。避難所にいれば食べさせてくれるのでここにいたい」というのです。

夏になってもクーラーもない、蒸し暑い劣悪な環境の避難所にお年寄りだけが取り残されているのを見ると心が痛みました。災害弱者ほど避難所に長く生活せざるを得ない状況だったのです。そして、お年寄り、障がいを持つ方など最後になって仮設住宅に移動した方ほど、後から建てられた、人里はなれた、劣悪な環境の仮設住宅への入居を余儀なくされたのです。仮設住宅には歴然たる格差がありました。

二〇一二年二月、私はあるジャーナリストから「気仙沼《けせんぬま》の仮設は大変なことになっています」と聞き、二週間後には、宮城《みやぎ》県《けん》気仙沼市に調査に行っていました。そこでは、人里はなれた山の上に五十六世帯を収容する仮設住宅があり、このうち三十六世帯が独居（※5）でそのほとんどがお年寄りでした。

（略）

（伊藤和子『人権は国境を越えて』岩波書店より）

※1　ステートメント……政府・政党・団体などが発表する声明文
※2　ツイッター、フェイスブック……どちらもオンライン上のソーシャルネットワークサービス（SNS）
※3　リツイートやシェア……SNSで情報を共有できる状態にすること
※4　NGO……民間で設立される国際協力機構
※5　独居……ひとり住まいをしていること

問　環境のよくない仮設住宅に住む「お年寄り」の問題を解決・改善するためにおこなったらよいと考えることを100字以内で書きなさい。

あなたの中に浮かんだ問いを書いてみよう。

この問題についてのあなたの考えを書いてみよう！

11 住み続けられるまちづくりを

誰《だれ》にとっても安全で、持続可能《じぞくかのう》な場所をつくっていくために、どのようなことができるでしょうか。2016年に横浜女学院中学校で出題された問題は、「目標《もくひょう》11　住み続《つづ》けられるまちづくりを」とつながりが強いといえるでしょう。

この問題では、東日本大震災《だいしんさい》の被災者《ひさいしゃ》を、人権保護《じんけんほご》という視点《してん》から守ることを話題にした文章をもとに、現在環境《げんざいかんきょう》のよくない仮設住宅《かせつじゅうたく》に住む「お年寄《としよ》り」から見た問題点は何かをとらえていきます。そして問題の原因《げんいん》を探《さぐ》りながら、どのようにして解決《かいけつ》や改善《かいぜん》を目指すのかという方法《ほうほう》を自分なりに示《しめ》すことが求《もと》められます。何を問題点として取り上げるかや、それを解決《かいけつ》していくための手段《しゅだん》や方法《ほうほう》は、一つに決まるものでも、保証《ほしょう》されている「正解《せいかい》」があるわけでもありません。2016年にこの入試《にゅうし》問題に取り組んで、今まさにこの学校で学んでいる先輩達《せんぱいたち》はどのような問題点を取り上げて、どのように解決《かいけつ》していくと、答案《とうあん》に記入したのでしょうか。あなたは、どのような問題点を取り上げ、どのように解決《かいけつ》していこうと思いますか。そして、それを実現《じつげん》するために、どのような取り組みを行っていきますか。

●海城中学校　社会(2003年)

この問題の資料からわかる1990年代の援助に、
現在の17のゴールに関係するものはあるかな？

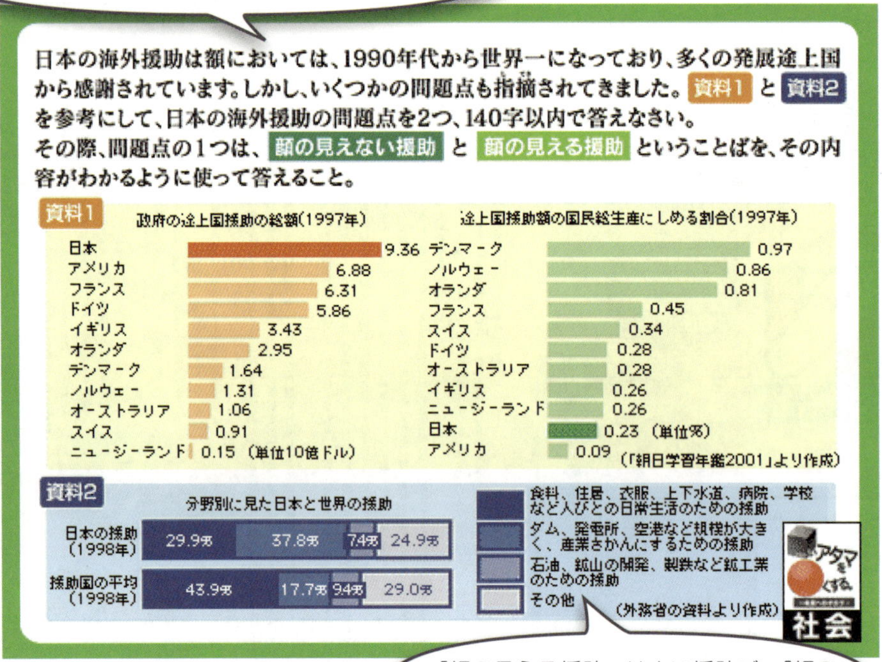

日本の海外援助は額においては、1990年代から世界一になっており、多くの発展途上国から感謝されています。しかし、いくつかの問題点も指摘されてきました。資料1 と 資料2 を参考にして、日本の海外援助の問題点を2つ、140字以内で答えなさい。
その際、問題点の1つは、顔の見えない援助 と 顔の見える援助 ということばを、その内容がわかるように使って答えること。

資料1

政府の途上国援助の総額(1997年)

国	総額
日本	9.36
アメリカ	6.88
フランス	6.31
ドイツ	5.86
イギリス	3.43
オランダ	2.95
デンマーク	1.64
ノルウェー	1.31
オーストラリア	1.06
スイス	0.91
ニュージーランド	0.15

(単位10億ドル)

途上国援助額の国民総生産にしめる割合(1997年)

国	割合
デンマーク	0.97
ノルウェー	0.86
オランダ	0.81
フランス	0.45
スイス	0.34
ドイツ	0.28
オーストラリア	0.28
イギリス	0.26
ニュージーランド	0.26
日本	0.23
アメリカ	0.09

(単位%)
(「朝日学習年鑑2001」より作成)

資料2

分野別に見た日本と世界の援助

	食料、住居、衣服、上下水道、病院、学校など人びとの日常生活のための援助	ダム、発電所、空港など規模が大きく、産業さかんにするための援助	石油、鉱山の開発、製鉄など鉱工業のための援助	その他
日本の援助(1998年)	29.9%	37.8%	7.4%	24.9%
援助国の平均(1998年)	43.9%	17.7%	9.4%	29.0%

(外務省の資料より作成)

「顔の見える援助」はよい援助で、「顔の見えない援助」は悪い援助……なの？

目標《もくひょう》17には、SDGsでかかげた目標《もくひょう》を達成《たっせい》するためには、開発途上国《とじょうこく》への経済的《けいざいてき》な援助《えんじょ》が欠《か》かせないということが書かれています。そして、開発途上国《とじょうこく》への援助《えんじょ》は、単《たん》に多額《たがく》のお金を出せばよいというものではありません。開発途上国《とじょうこく》が、やがては援助《えんじょ》を必要《ひつよう》としないような国になり、自立して持続可能《じぞくかのう》な開発を進められるようになることが、目指す未来《みらい》のすがたです。そのために、先進国はどのような援助《えんじょ》ができるのでしょう。先進国と開発途上国《とじょうこく》がどのような「パートナーシップ」で結《むす》ばれると、持続可能《じぞくかのう》な社会に近づけるのでしょう。それは、相手国のためになると同時に、地球全体のためになる援助《えんじょ》のかたちとは何かという問いでもありそうです。

上の中学入試《にゅうし》問題(海城中学校)が出題されたのは2003年。このときすでに、途上国《とじょうこく》への援助《えんじょ》はどうあるべきかが世の中で話題になっていたことがわかります。当時の日本は、「援助《えんじょ》の金額《きんがく》は多いが自国のGDPに占《し》める割合《わりあい》が小さい」ことや「衣食住《いしょくじゅう》など、人々の日常《にちじょう》生活に直結《ちょっけつ》する援助《えんじょ》よりも産業関連《さんぎょうかんれん》の援助《えんじょ》が多い」ことなどについて、批判的《ひはんてき》に語られていました。こうした時期を経《へ》て、今の日本が行う途上国《とじょうこく》への援助《えんじょ》は、どのように変化《へんか》したのでしょうか、それとも変化《へんか》していないのでしょうか。また、2017年の今、途上国《とじょうこく》に必要《ひつよう》なのはどのような援助《えんじょ》でしょうか。ターゲットを読みながら、援助《えんじょ》の目的《もくてき》について書かれているところを探《さが》していきましょう。

●浅野中学校　社会（2014年）

持続可能《じぞくかのう》な開発目標《もくひょう》をつくるときに、大きなポイントになったこととして、「不平等《ふびょうどう》（格差《かくさ》）の是正《ぜせい》」があげられます。世界全体として今から創《つく》っていきたい未来《みらい》の方向は同じでも、その実現《じつげん》に向けた過程《かてい》では、しばしば国や地域《ちいき》の間で、あるいは人々の間で意見が対立することがあります。対立が起こる原因《げんいん》の一つには、「一方が不平等《ふびょうどう》を感じていること」があげられます。何をもって平等とし、何をもって不平等《ふびょうどう》とするのかには、価値観《かちかん》や文化的背景《てきはいけい》、生活環境《かんきょう》といったさまざまな要素《ようそ》が関係《かんけい》してきます。そのため、対立を乗り越《こ》えて協力体制《きょうりょくたいせい》を築《きず》くには、自分や相手の意見にはどういった背景《はいけい》があるのか、どんな基準《きじゅん》で平等かどうかを判断《はんだん》しているのかに目を向けることが大切になります。

人によって何を「平等」と感じるかが違うのには、どんなことが関係しているんだろう？

この問題についてのあなたの考えを書いてみよう！

2014年に浅野中学校で出題された問題には、異《こと》なる考えにもとづいた2種類《しゅるい》の「平等」が紹介《しょうかい》されています。この「平等」に関《かん》する2つの視点《してん》は、私《わたし》たちの権利《けんり》や日常《にちじょう》生活といった身近なことや、環境《かんきょう》問題に対する先進国と途上国《とじょうこく》の意見のちがいなどをとらえるときにも使うことができます。目標《もくひょう》16には「平和と公正をすべての人に」と書かれています。自分だけではなく、まわりの人とも共有《きょうゆう》できる「平等」を創《つく》るために、私《わたし》たち一人ひとりはどのようなことに取り組むことができるでしょうか？

椙山女学園中学校　理科（2008年）

2008年に椙山女学園中学校で出題された、「目標《もくひょう》15　陸《りく》の豊《ゆた》かさも守ろう」という視点《してん》に関連した問題です。

目標《もくひょう》15で示《しめ》されているターゲットには、「外来種《しゅ》の侵入《しんにゅう》を防止《ぼうし》するとともに、これらの種《しゅ》による陸域《りくいき》・海洋生態系《せいたいけい》への影響《えいきょう》を大幅《おおはば》に減少《げんしょう》させるための対策《たいさく》を導入《どうにゅう》し、さらに優《ゆう》先種《せんしゅ》の駆除《くじょ》または根絶《こんぜつ》を行う」という内容《ないよう》があります。

「外来種《しゅ》の侵入《しんにゅう》を防止《ぼうし》すること」と「生態系《せいたいけい》への影響《えいきょう》を減《へ》らすこと」は、どのように関係《かんけい》しているのでしょうか。今日もニュースで話題になることが多いこのテーマを、「家で飼《か》っているミドリガメ」という身近な切り口を使って自分の事として考える……そんな問題が10年ほど前に既《すで》に出題されていたのですね。

この問題をきっかけに、身のまわりのさまざまな生物や生物どうしの関係《かんけい》に目を向けてみましょう。あなたは、どのようなことを感じたり、思ったりするでしょうか。新たな疑問《ぎもん》や知りたいことが生まれてくるかもしれません。

ミドリガメを野外へ放したら、どんなことが起こるのだろう？　すぐに起こることもあれば、何十年もたって起こることもあるかもしれない。

動物ではなく植物が持ち込まれた場合にはどうなるのだろうか。

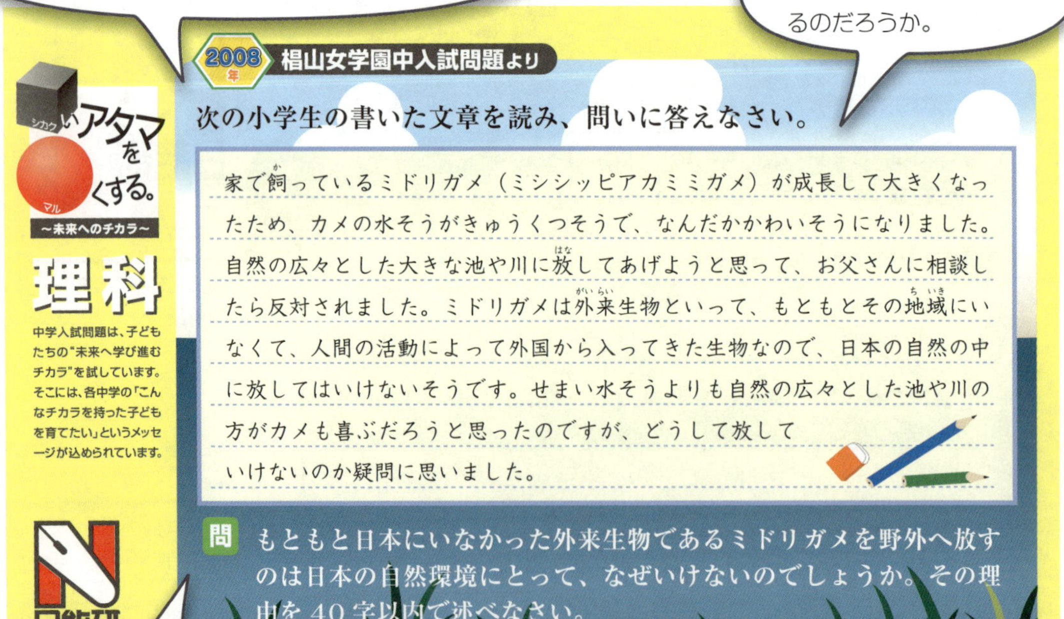

2008年 椙山女学園中入試問題より

次の小学生の書いた文章を読み、問いに答えなさい。

家で飼《か》っているミドリガメ（ミシシッピアカミミガメ）が成長して大きくなったため、カメの水そうがきゅうくつそうで、なんだかかわいそうになりました。自然の広々とした大きな池や川に放《はな》してあげようと思って、お父さんに相談したら反対されました。ミドリガメは外来《がいらい》生物といって、もともとその地域《ちいき》にいなくて、人間の活動によって外国から入ってきた生物なので、日本の自然の中に放してはいけないそうです。せまい水そうよりも自然の広々とした池や川の方がカメも喜ぶだろうと思ったのですが、どうして放していけないのか疑問に思いました。

問　もともと日本にいなかった外来生物であるミドリガメを野外へ放すのは日本の自然環境にとって、なぜいけないのでしょうか。その理由を40字以内で述べなさい。

外来生物はどのようにして日本に持ち込まれるのだろう？

「40字以内」という条件を外してみたら、どんな風に説明できるだろう。

頌栄女子学院中学校　理科（2010年）

森林の成長段階によって、二酸化炭素を減少させる効果がちがうのはなぜだろう？

これ以上二酸化炭素が増えるのを止めることと、現在空気中にある二酸化炭素を減らすことはちがうことなんだね。

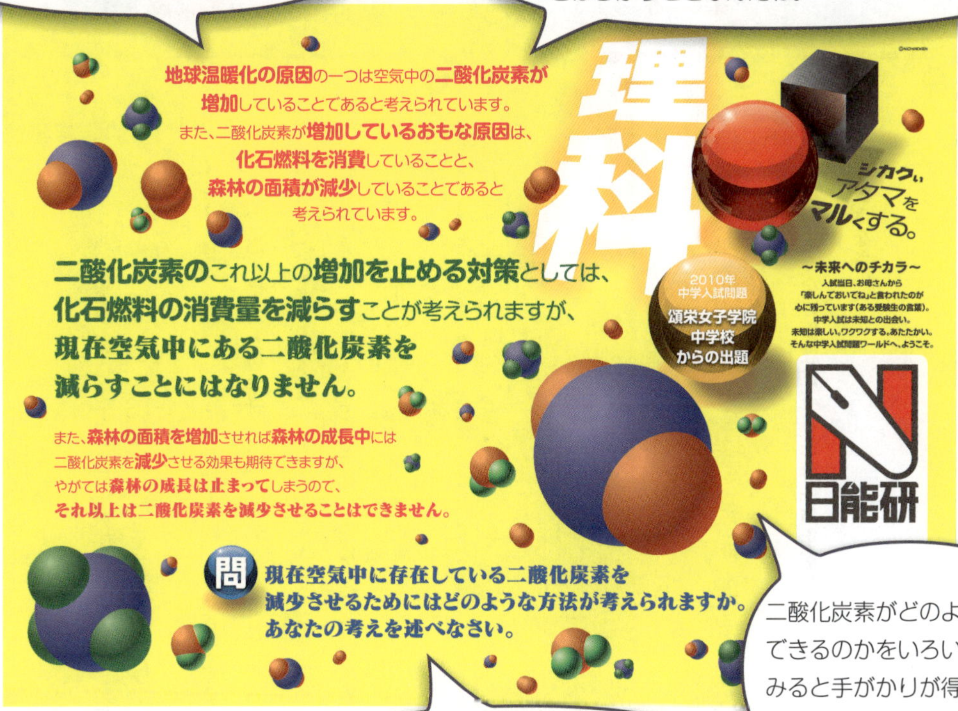

二酸化炭素がどのようにしてできるのかをいろいろ挙げてみると手がかりが得られるかもしれない……。

化石燃料である石油や石炭は、どのようにしてできたのだろう？
なぜ炭素を多くふくむのだろう？

「目標《もくひょう》13　気候変動《きこうへんどう》に具体的《てき》な対策《たいさく》を」という視点《してん》に関連した問題が、2010年に頌栄女子学院中学校で出題されました。

目標《もくひょう》13で示《しめ》されているターゲットには、「気候変動《きこうへんどう》の緩和《かんわ》、適応《てきおう》、影響軽減及《えいきょうけいげんおよ》び早期警戒《けいかい》に関《かん》する教育、啓発《けいはつ》、人的能力及《じんてきのうりょくおよ》び制度機能《せいどきのう》を改善《かいぜん》する」という内容《ないよう》があります。

二酸化炭素《にさんかたんそ》が増《ふ》えることは、地球温暖化《おんだんか》の原因《げんいん》の一つだと考えられています。また、地球温暖《おんだん》化《か》が進むことによって、さらにさまざまな問題が引き起こされるという指摘《してき》もあります。

「じゃあ、どうすればいいの？」と考えたとき、二酸化炭素《にさんかたんそ》を減《へ》らす方法《ほうほう》に目が向くことでしょう。まさに、気候変動《きこうへんどう》を緩和《かんわ》するための具体的《てき》な対策《たいさく》です。簡単《かんたん》に答えが出ないことだからこそ、改《あらた》めてSDGsのターゲットとして採《と》り上げ、私《わたし》たち一人ひとりができることを考え続《つづ》けていく意味がありそうです。

これまでに学んできたことがらや、問題に示《しめ》された文章をもとに、あなたならどのような方法《ほうほう》を考えますか。

近年出題されたSDGsとつながっている入試問題

国語

横浜女学院中学校

素材文：『人権は国境を越えて』伊藤和子

問九　環境のよくない仮設住宅に住む「お年寄り」の問題を解決・改善するためにおこなったらよいと考えることを100字以内で書きなさい。

香蘭女学校中等科

素材文：『子どもの頃から哲学者』苫野一徳
『13歳からのテロ問題　リアルな「正義論」の話』加藤　朗

3　〰〰線❸「私たちは……国だよね」とありますが、問題文（苫野一徳『子どもの頃から哲学者』）にそって考えると、このような「貴重な国」に住んでいる私たちに、「言論の自由」を獲得《かくとく》するだけでなく、今後、世界の人々に向けてどのようにしてゆくことが求められていると考えられますか。自分のことばで答えなさい。

近年出題されたSDGsとつながっている入試問題

算数

和洋国府台女子中学校

5 洋子さんのお母さんが，健康チェックのためにＢＭＩ値を計算しました。
ＢＭＩ値は，大人の体格を表す値で，次の式で計算することができます。

$$\text{ＢＭＩ値} = \frac{\text{体重(kg)}}{\text{身長(m)} \times \text{身長(m)}}$$

お母さんの身長は１６０cmです。日本では，ＢＭＩ値が１８.５以上２５未満であれば普通体重であるとされています。お母さんがこの範囲に入るには，体重が何 kg 以上何 kg 未満であればよいですか。ただし，答えは小数第２位を四捨五入して小数第１位まで求めなさい。

早稲田実業学校中等部

2 次の表は，各国の発電電力量と発電電力量に占《し》める各電源の割合です。これを見て，次の各問いに答えなさい。ただし，整数でない数を答えとするときは，小数第２位を四捨五入し，小数第１位までを答えとしなさい。

各国の発電電力量と発電電力量に占める各電源の割合（2012 年）

国名	発電電力量	発電電力量に占める各電源の割合（%）					
		石炭	石油	ガス	水力	原子力	その他
日本	10300	30	18	38	7	2	5
中国	50200	76	0	2	17	2	3
イタリア	3000	18	6	44	14	0	18
フランス	5600	4	1	4	10	76	5
イギリス	3600	ア	1	イ	1	ウ	10
アメリカ	42700	37	1	30	7	19	6

※ 表の元の資料は，経済産業省資源エネルギー庁発行「日本のエネルギー 2014」による。
※ 発電電力量の単位は，億 kWh（億キロワット時）。
※ 各電源の割合（%）については元の資料と一部異なり，国ごとに一番大きい数を増減し，合計で 100 になるように調整している。
※ その他は，再生可能エネルギー（太陽光発電や風力発電など）である。
（編集部注：元の資料の数値訂正により、実際の入試問題を一部変更して掲載しています。）

（1） イタリアの発電電力量に占める各電源の割合を帯グラフに表しなさい。定規を使わなくてもかまいません。

（2） フランスの原子力による発電電力量は，日本の原子力による発電電力量の何倍ですか。

（3） イギリスのガスによる発電電力量は，石炭による発電電力量の７割で，原子力による発電電力量よりも 288 億 kWh 多くなっています。表の イ にあてはまる数を求めなさい。

近年出題されたSDGsとつながっている入試問題

社会

慶應義塾湘南藤沢中等部

地球温暖化は，大気中の温室効果ガスが増加することによって，地球全体の平均気温が上がっていく現象です。温室効果ガスを減らしていくには，(ア) わたしたちの生活スタイルを見直すと同時に，世界各国がこの問題に協力して取り組んでいくことが重要です。

（後略）

問４　消費者が，環境を守るために役立つと考えられる商品を買うときの目印になるものがエコマークです。下の「エコレールマーク」が表示されていると，「地球温暖化対策がしてある商品」として認められるのはなぜでしょうか。その理由を40字以内で説明しなさい。

共立女子中学校

問５．下線部⑤に関して，次の表は，相対的貧困率の国際比較（2010年）です。相対的貧困率とは，国民を所得の低い人から順に並べて，中間の人の半分以下しか所得がない人がどれくらいいるかを示した値のことです。この表から読み取ることができるものを，後から１つ選び，記号で答えなさい。

相対的貧困率		日　本	アメリカ	イギリス	フランス
全　体		16.0% 29位	17.4% 30位	9.9% 18位	7.9% 10位
子どもがいる世帯	大人が１人	50.8% 33位	45.0% 30位	16.9% 5位	25.3% 8位
	大人が２人以上	12.7% 24位	15.2% 26位	7.9% 15位	5.6% 9位

※上段は国内での割合，下段はOECD加盟国34か国中の順位。

（内閣府『平成26年度版子ども・若者白書』より作成）

ア．相対的貧困率は，子どもを養育している大人の人数よりも，子どもがいるかいないかが大きく関わっている。

イ．日本では，１人で子育てしている世帯の半数は所得が全くない状況である。

ウ．イギリスは，他の３か国に比べると，子どもがいる世帯のうち，大人の人数による相対的貧困率の差は少ない。

エ．フランスは，子育て支援《しえん》が行き届いており，子どもがいる世帯の相対的貧困率が最も低い。

近年出題されたSDGsとつながっている入試問題

理科

渋谷教育学園渋谷中学校

問5　日本の多くの河川・湖沼《こしょう》ではオオカナダモやアメリカザリガニが増加しています。また、ブラックバスという魚も、これらと同様に外国から日本に持ち込《こ》まれ、その数を増やしています。ブラックバスは肉食性で、アメリカザリガニを食べることが知られています。このことを知ったエゲリアくんは次のように考えました。

「アメリカザリガニがいると、オオカナダモが増えてしまう。でもブラックバスがいるとアメリカザリガニが減る。ということは、ブラックバスを川にたくさん放流すれば、アメリカザリガニが減って、オオカナダモも減るかもしれない」

オオカナダモを減らすためにブラックバスを利用するというエゲリアくんの考えについて、あなたはどう思いますか？　解答用紙の賛成・反対のどちらかを○でかこみ、そのように判断した理由を述べなさい。

桜蔭中学校

地球では，その誕生以来，さまざまな生物が太陽光を浴びながら活動をしてきました。植物は光合成をし，また，動物は植物やほかの動物を食べることで，体内に栄養をとりこみます。これらの①生物の死がいがたい積し，長い年月をかけて圧力や熱によって変化してできたと考えられるものが石油や石炭であり，現代社会において主要な燃料として利用されています。現在の日本では，石油や石炭，天然ガスなどを燃やして発電する火力発電が，全発電量のうちの最も多くの割合をしめています。火力発電では，②燃料を燃やすことによって発生した熱が，タービンと呼ばれる羽根車によって電気に変換《へんかん》されます。

現在は，火力発電の次に水力発電が多くの割合をしめています。それ以外にも，風力や太陽光などを用いた発電方法があり，これらの割合を増やすことが検討されています。火力，水力，風力による発電はどれも，太陽光に由来するエネルギーを，液体や気体の流れ，タービンの回転に変え，電気を発生させるという点で共通しています。

わたしたちは，地球上にある限られたエネルギー資源を利用して生活していかなければなりません。そのためには，例えば③電気をむだにしないことなどを心がける必要があります。

2017年に出題されたSDGsと関わる中学入試問題

- 国語 社会 昭和女子大学附属昭和
- 国語 明治大学付属中野
- 国語 富士見
- 国語 鎌倉女学院
- 国語 長崎日本大学
- 算数 自修館中等教育
- 社会 桐蔭学園男子部
- 社会 桐蔭学園女子部
- 社会 桐蔭学園中等教育
- 理科 女子学院
- 理科 成城
- 理科 東京都市大学等々力
- 理科 日本大学
- 理科 栄光学園
- 理科 逗子開成
- 理科 海陽中等教育

- 国語 香蘭女学校
- 算数 城北
- 社会 明治大学付属中野
- 社会 雙葉
- 社会 頌栄女子学院
- 社会 東京女学館

- 社会 学習院女子
- 社会 日本大学
- 社会 神奈川大学附属
- 社会 横浜雙葉
- 社会 北嶺
- 社会 岡山

- 社会 鷗友学園女子
- 社会 武蔵

- 算数 芝
- 国語 算数 自修館中等教育
- 算数 津田学園
- 社会 跡見学園
- 社会 明治大学付属中野
- 社会 國學院大學久我山
- 社会 浅野
- 社会 慶應義塾湘南藤沢
- 社会 中部大学春日丘
- 社会 大成
- 社会 筑波大学附属駒場
- 理科 女子学院
- 理科 湘南学園
- 理科 名古屋国際

- 算数 東京都市大学付属
- 国語 吉祥女子
- 国語 横浜女学院
- 社会 栄光学園
- 社会 筑波大学附属駒場

- 社会 明治大学付属明治
- 社会 國學院大學久我山
- 社会 白百合学園
- 理科 湘南学園

- 国語 社会 普連土学園
- 国語 芝浦工業大学
- 国語 日本女子大学附属
- 国語 桐光学園男子部
- 国語 横浜女学院
- 国語 日本大学藤沢
- 国語 長崎日本大学
- 算数 早稲田実業学校
- 算数 神奈川大学附属

- 算数 東京学芸大学附属世田
- 社会 昭和女子大学附属昭和
- 社会 大妻
- 社会 三輪田学園
- 社会 麻布
- 社会 頌栄女子学院
- 社会 青山学院
- 社会 渋谷教育学園渋谷
- 社会 海城

国語 算数 社会 理科

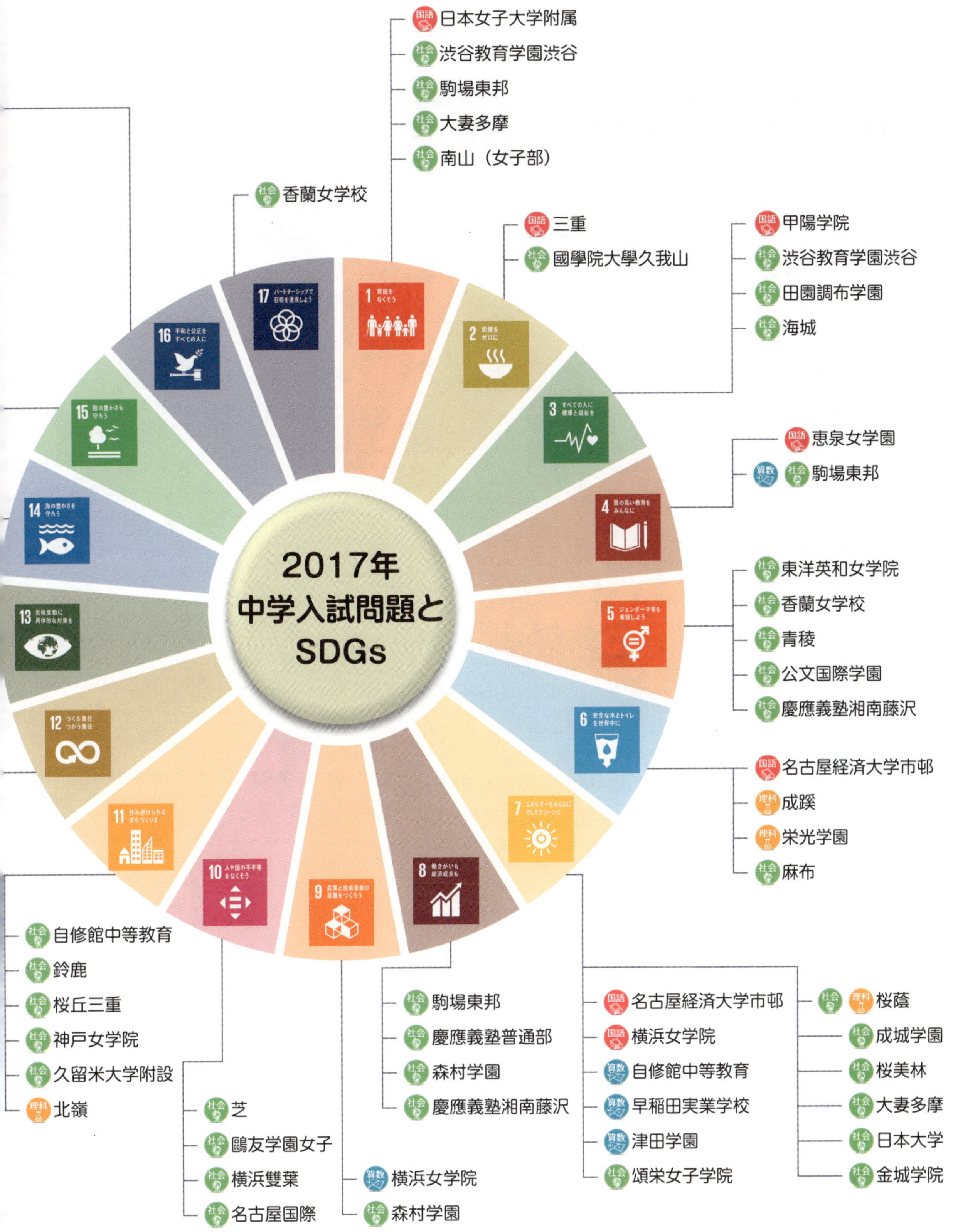
2017年
中学入試問題と
SDGs
国語 日本女子大学附属
社会 渋谷教育学園渋谷
社会 駒場東邦
社会 大妻多摩
社会 南山（女子部）
社会 香蘭女学校
国語 三重
社会 國學院大學久我山
国語 甲陽学院
社会 渋谷教育学園渋谷
社会 田園調布学園
社会 海城
国語 恵泉女学園
算数 社会 駒場東邦
社会 東洋英和女学院
社会 香蘭女学校
社会 青稜
社会 公文国際学園
社会 慶應義塾湘南藤沢
国語 名古屋経済大学市邨
理科 成蹊
理科 栄光学園
社会 麻布
国語 名古屋経済大学市邨
国語 横浜女学院
算数 自修館中等教育
算数 早稲田実業学校
算数 津田学園
社会 頌栄女子学院
社会 理科 桜蔭
社会 成城学園
社会 桜美林
社会 大妻多摩
社会 日本大学
社会 金城学院
社会 駒場東邦
社会 慶應義塾普通部
社会 森村学園
社会 慶應義塾湘南藤沢
算数 横浜女学院
社会 森村学園
社会 芝
社会 鷗友学園女子
社会 横浜雙葉
社会 名古屋国際
社会 自修館中等教育
社会 鈴鹿
社会 桜丘三重
社会 神戸女学院
社会 久留米大学附設
理科 北嶺

2018年に出題されたSDGsと関わる中学入試問題

※2018年２月10日までに調べた学校が対象となっています。
この他にも多くの学校でSDGsに関わる問題が出題されています。

- 国語 獨協
- 国語 洗足学園
- 国語 カリタス女子
- 国語 栄光学園
- 国語 清泉女学院
- 国語 愛知
- 社会 青山横浜英和
- 社会 湘南学園
- 社会 浦和明の星女子
- 社会 理科 名古屋国際
- 理科 麻布

- 理科 学習院女子
- 理科 早稲田
- 理科 立教女学院
- 理科 本郷
- 理科 サレジオ学院
- 理科 芝浦工業大学柏
- 理科 春日部共栄
- 理科 岐阜東
- 理科 共立女子第二
- 理科 中村

- 国語 横浜女学院
- 社会 頌栄女子学院
- 理科 世田谷学園
- 理科 岐阜東
- 理科 学習院女子

- 社会 鷗友学園女子
- 社会 湘南学園
- 社会 南山（男子部）
- 社会 理科 名古屋国際
- 理科 女子学院
- 理科 普連土学園
- 理科 芝浦工業大学
- 理科 サレジオ学院
- 理科 関東学院
- 理科 名古屋
- 理科 岐阜東
- 理科 セントヨゼフ

- 国語 吉祥女子
- 算数 自修館中等教育
- 社会 頌栄女子学院
- 社会 晃華学園

- 社会 横浜雙葉
- 社会 湘南学園
- 社会 市川

- 国語 麗澤瑞浪
- 社会 学習院女子
- 社会 巣鴨
- 社会 晃華学園
- 社会 慶應義塾普通部

国語　算数　社会　理科

- 〔国語〕立教女学院
- 〔社会〕青山学院
- 〔社会〕恵泉女学園
- 〔社会〕横浜女学院
- 〔社会〕横浜雙葉
- 〔社会〕和洋国府台女子

- 〔社会〕金城学院
- 〔社会〕椙山女学園
- 〔社会〕南山（男子部）
- 〔社会〕筑波大学附属駒場

- 〔国語〕東京女学館
- 〔国語〕〔社会〕横浜雙葉
- 〔社会〕芝
- 〔社会〕桜蔭

- 〔社会〕和洋国府台女子
- 〔社会〕開智
- 〔社会〕南山（男子部）
- 〔社会〕名古屋国際

- 〔社会〕聖光学院
- 〔社会〕横浜雙葉
- 〔社会〕湘南学園
- 〔社会〕札幌聖心女子
- 〔社会〕名古屋国際

- 〔国語〕東京都市大学等々力
- 〔国語〕横浜女学院
- 〔社会〕横浜雙葉
- 〔社会〕札幌聖心女子

- 〔国語〕江戸川学園取手
- 〔算数〕岐阜聖徳学園
- 〔社会〕海城
- 〔社会〕晃華学園
- 〔社会〕湘南学園
- 〔理科〕大妻

- 〔社会〕女子学院
- 〔社会〕海城
- 〔社会〕横浜雙葉
- 〔社会〕湘南学園
- 〔社会〕大宮開成
- 〔社会〕セントヨゼフ

- 〔国語〕東京都市大学等々力
- 〔社会〕女子学院
- 〔社会〕東京女学館
- 〔社会〕國學院大學久我山
- 〔社会〕晃華学園
- 〔社会〕大妻多摩
- 〔社会〕横浜雙葉
- 〔社会〕湘南学園
- 〔社会〕大宮開成
- 〔社会〕セントヨゼフ

- 〔国語〕横浜共立学園
- 〔算数〕岐阜聖徳学園
- 〔社会〕駒場東邦
- 〔社会〕成城学園
- 〔社会〕桐朋
- 〔社会〕湘南学園
- 〔社会〕浦和明の星女子
- 〔理科〕青山学院
- 〔理科〕鷗友学園女子

- 〔理科〕恵泉女学園
- 〔理科〕光塩女子学院
- 〔理科〕早稲田実業学校
- 〔理科〕東京農大第一
- 〔理科〕名古屋経済大学市邨
- 〔理科〕名古屋国際
- 〔理科〕暁
- 〔理科〕セントヨゼフ
- 〔理科〕中村

- 〔国語〕札幌日本大学
- 〔社会〕駒場東邦
- 〔社会〕〔理科〕湘南学園
- 〔理科〕本郷

- 〔国語〕〔社会〕浦和明の星女子
- 〔社会〕聖光学院
- 〔社会〕名古屋国際

- 〔社会〕聖園女学院
- 〔社会〕開智
- 〔社会〕獨協埼玉
- 〔理科〕サレジオ学院

- 〔国語〕栄東
- 〔社会〕芝
- 〔社会〕駒場東邦
- 〔社会〕日本女子大学附属
- 〔社会〕淑徳与野
- 〔社会〕南山（男子部）

- 〔国語〕日本大学第二
- 〔国語〕鎌倉女学院
- 〔社会〕芝浦工業大学柏
- 〔社会〕西武学園文理
- 〔社会〕淑徳与野
- 〔社会〕名古屋国際

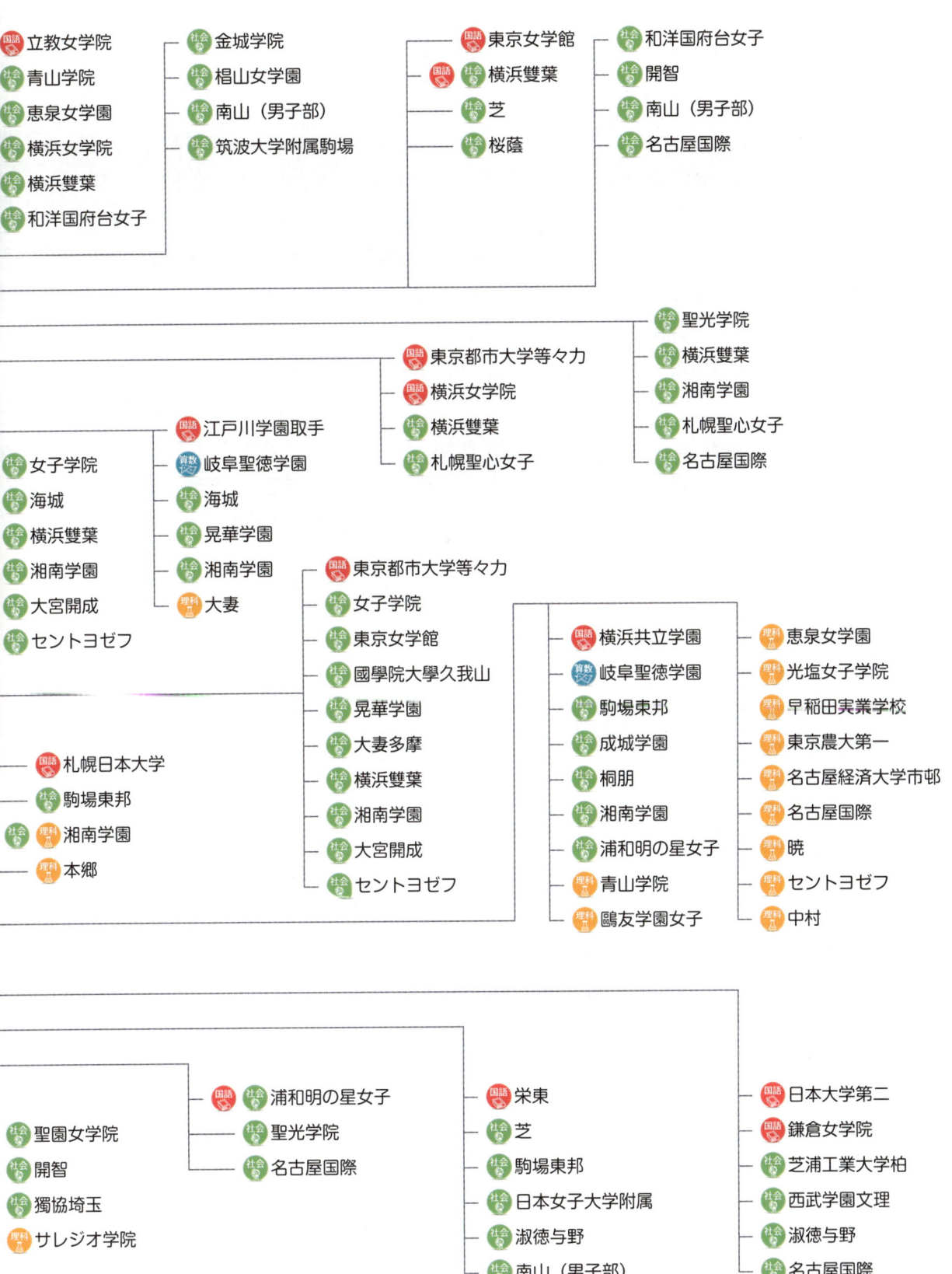

SDGsの眼鏡《めがね》で見る、私学《しがく》の取り組み ―その1―

SDGsで示《しめ》されたのは、私《わたし》たちが今、そしてこれからむかえる不確《ふたし》かな未来《みらい》を地球という星の上で生き続《つづ》けていくために取り組む目標《もくひょう》です。国連《こくれん》サミットで採択《さいたく》されたのは2015年９月ですが、実はそのずっと前から私《わたし》たちはこれらの目標《もくひょう》に向けて動き出しているのです。地球温暖化防止《おんだんかぼうし》条約《じょうやく》、湿地保存《しっちほぞん》に関《かん》する国際条約《こくさいじょうやく》、開発途上国《とじょうこく》への先進国からの援助《えんじょ》など、国を単位《たんい》とした動きもあります。また、企業単位《きぎょうたんい》のリサイクル活動や自然環境保護《かんきょうほご》も行われています。

そして、みなさんが近い将来《しょうらい》、自らの成長の場として選《えら》ぶ私学《しがく》もまた、さまざまな活動を行ってきました。ここからはSDGsの眼鏡《めがね》を使って、私学《しがく》が行っている取り組みを見ていきます。

学校ごとの取り組みに目を向ける前に、自分で自分を育て続けているみなさんの先輩《せんぱい》(高校１年生、２年生)が活動しているようすをのぞいてみましょう。自ら問いを立て、仲間《なかま》と共《とも》に解決《かいけつ》をするプロセスを歩んでいる渋谷《しぶや》教育学園渋谷《しぶや》中学高等学校　模擬国連部《もぎこくれんぶ》で活躍《かつやく》をしている三名の先輩《せんぱい》は、活動を通じて「自分の内側《うちがわ》を見つめる」「自己《じこ》の成長《せいちょう》と仲間《なかま》への貢献《こうけん》」というキーワードを示《しめ》してくれました。

自分の内側《うちがわ》を見つめる

模擬国連《もぎこくれん》の議題《ぎだい》に取り組むとき、その議題《ぎだい》に対して「自分自身はどのように考えるのか」をとことん追求《ついきゅう》します。そうでないと、議題《ぎだい》の本質《ほんしつ》をとらえられず、パートナーとのやりとり、会議《かいぎ》での交渉《こうしょう》がうまくいきません。追求《ついきゅう》していくときには、「自分の考えは何を背景《はいけい》としているのか」「そう考える原因《げんいん》はどこからくるのか」、とことん自分と向き合います。担当《たんとう》する国・地域《ちいき》によっては自分自身と違《ちが》う考えで交渉《こうしょう》をしていくことだってあるのです。そんなときでも本質《ほんしつ》をとらえ、自分自身の考えをまとめるためにも、とことん自分自身と向き合うことが欠《か》かせません。こうした経験《けいけん》から、日ごろのニュースを見ているときや、教科の学びにおいても、「その問題に対して、自分はこうとらえる」「なぜ、そう思うのか」と自分の事としてとらえられるようになったそうです。さらには、ペアの２人で交渉《こうしょう》をしていくため、自分の考えと相手の考えをとことん確認《かくにん》していかなければなりません。ペアの相手は、もしかすると大きくくくれば考えは一緒《いっしょ》かもしれないけれど、本質《ほんしつ》を探《さぐ》っていくと、自分とは違《ちが》う生育環境《かんきょう》を歩み、これまでの体験《たいけん》や経験《けいけん》から生まれる人生観《じんせいかん》も違《ちが》う。そうした相手とともに、力を合わせて会議《かいぎ》の場で交渉《こうしょう》をしていくためには、お互《たが》いの人間理解《りかい》も大事な要素《ようそ》だと言えます。

自己《じこ》の成長《せいちょう》と仲間《なかま》への貢献《こうけん》

自分自身の内側《うちがわ》を見つめていくと、自然《しぜん》と自分自身の強みや弱みに出あいます。自分が全面的《ぜんめんてき》に前に出てプレゼンしたり、会議《かいぎ》の場を引《ひ》っ張《ぱ》ったりしていくのが苦手だったら、相手国の考えや要求《ようきゅう》に耳を傾《かたむ》け、水面下の交渉《こうしょう》を行い、解決《かいけつ》の糸口を探《さぐ》るという役割《やくわり》を担えます。こうした役割《やくわり》行動があるからこそ、交渉《こうしょう》の糸口を見いだせたり、自国の考えに賛同《さんどう》する仲間《なかま》を増《ふ》やせたり、世界の国・地域《ちいき》と課題解決《かだいかいけつ》をしていくことができるのです。強み、弱みのどちらも自分の行動次第で、自分の魅力《みりょく》になるのです。準備《じゅんび》の段階《だんかい》で、互《たが》いが自分自身をとことん見つめ、自分の意見を持ち、意見を出し合い、すり合わせる……そうした経験《けいけん》をしながら、お互《たが》いがお互《たが》いの魅力《みりょく》を引き出しているからこそ、会議《かいぎ》の場でのペアの役割《やくわり》行動がうまくいくのです。

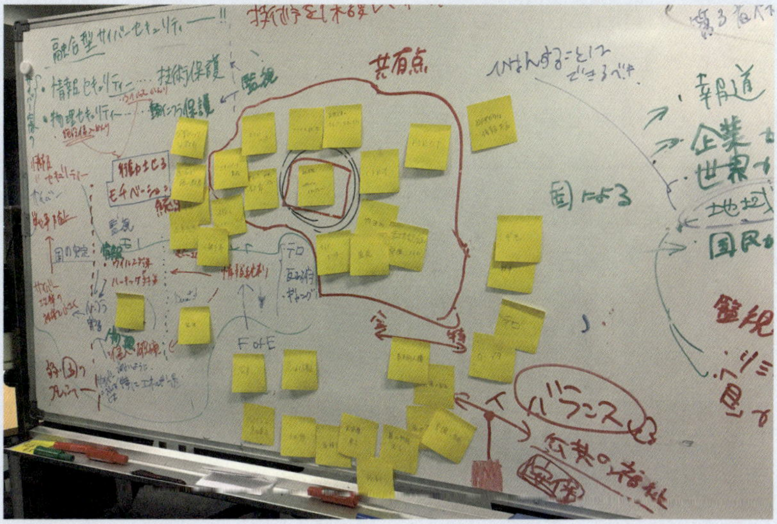

また、全日本の大会を経《へ》てニューヨークの国連大会に行くペアが決定するので、いわば勝ち負けの世界もあるのかと思いきや、「自分がどうその場に貢献《こうけん》したのか」「自分がゴールとして設定《せってい》した目標《もくひょう》に、どれだけ到達《とうたつ》できたのか」ということをふり返って、それに対して、満足《まんぞく》したり、悔《くや》しい思いをしたりするそうです。もはや、勝負の世界を超越《ちょうえつ》した場所で、自分自身がどう課題解決《かだいかいけつ》に貢献《こうけん》しているのか、国際《こくさい》社会でどのように行動しているのかをふり返っているのです。そして何より、忘《わす》れてはいけない存在《そんざい》が、約《やく》70名の部員です。全日本の大会に行けるのは数名、ニューヨークへは2名しか行けません。実際《じっさい》の交渉《こうしょう》の場に参加《さんか》しない生徒《せいと》もいます。参加しない生徒《せいと》が参加《さんか》する生徒《せいと》を全面的《ぜんめんてき》にサポートする。そして、そのサポートがあるからこそ、自分が大会に参加《さんか》できることも知っている。そうした、人と人との信頼関係《しんらいかんけい》で結《むす》ばれているのが、同校の模擬国《もぎこく》連部《れんぶ》なのです。

実際《じっさい》に世界を見据《みす》えて行動をしている先輩《せんぱい》から、何を学ぶことになるでしょうか。SDGsの眼鏡《めがね》で先輩達《せんぱいたち》の活動を見ると、これまでとは違《ちが》った魅力《みりょく》と出あえるかもしれません。

SDGsの眼鏡《めがね》で見る、私学《しがく》の取り組み —その2—

地球の未来《みらい》を担《にな》っているのは、この星に住む私《わたし》たち一人ひとりの意識《いしき》と行動です。私《わたし》たちは体《たい》験《けん》を通して世界を知り、仲間《なかま》とつながりあう中で世界をつくり続けています。

さあ、私学《しがく》では、地球の未来《みらい》を担《にな》う意識《いしき》と行動をどのようにつくり続《つづ》けているのでしょうか。私《し》学《がく》の学びの本質《ほんしつ》の一端《いったん》として、捜真《そうしん》女学校の「捜真《そうしん》チョコプロジェクト」に目を向けていきます。

高校二年生の有志《ゆうし》が立ち上げた、家庭科の授業《じゅぎょう》をきっかけにした試《こころ》みが、「捜真《そうしん》チョコプロジェクト」です。「実生活につながる学びを行うこと」「常《つね》に学び続《つづ》ける一人の学び家であること」を大事に、先生は授業《じゅぎょう》を進めているそうです。

知ってしまった責任《せきにん》がある

「ついさっき買ったチョコレートが世界とつながっている。さらに場合によっては、その買い物を通して、自身が児童労働《じどうろうどう》を支援するような行動を取ってしまっている。自分たちが何気なく過《す》ごしている実生活でも、それは実は世界とつながっている」、これは授業《じゅぎょう》を通して高校生に届《とど》いたメッセージです。

そして、生徒《せいと》の内側《うちがわ》に「知って終わりでいいの？」「世界の悲劇《ひげき》に同情《どうじょう》して終わりでいいの？」という問いが生まれました。自分たちの中に芽生《めば》えたその問いに向き合っていく中で、「知ってしまった責任《せきにん》がある」「自分たちの日々の行動が、世界の悲劇《ひげき》につながっているならば、自分たちの意図的な行動が、世界を変《か》えるきっかけになる」という意識《いしき》が生まれ、それが行動につながりました。入学したときからあこがれていた「とても大人で、魅力的《みりょくてき》な凄《すご》い存在《そんざい》だった」高校二年生。自分たちが高校二年生になった今、同じ学校で学ぶ仲間《なかま》に大切にしたいことを伝《つた》え、世界を変《か》えるきっかけをつくることができる、と感じたそうです。

想いを伝《つた》え、未来《みらい》をつくる

2月、バレンタインデー。「捜真《そうしん》チョコプロジェクト」は、本命チョコ、義理《ぎり》チョコ、友チョコなどのチョコレートをおくりあう習慣《しゅうかん》について問い直すところからスタートしました。このプロジェクトの具体的《ぐたいてき》な内容《ないよう》は、フェアトレードチョコレートを校内で「売る」ことでした。捜真女学校中では、キリスト教主義《しゅぎ》学校であることから、日常的《にちじょうてき》に「献金《けんきん》」という形での支援《しえん》が行われています。しかし、生徒《せいと》自身が学校で「ものを売る」という行為《こうい》は、前例《ぜんれい》がありません。 最初は、職員会議《しょくいんかいぎ》で反対の声も上がったといいます。

そんな中で、プロジェクトメンバーは自分たちの取り組みを実現《じつげん》するために、先生たちとの話し合いを重ねました。プロジェクトメンバーと先生が互《たが》いの想いと考えをぶつけ合いながら、最善《さいぜん》の道を模索《もさく》し続《つづ》けたといいます。そして、フェアトレードチョコレートとチョコステッカーの販売《はんばい》が実現《じつげん》しました。

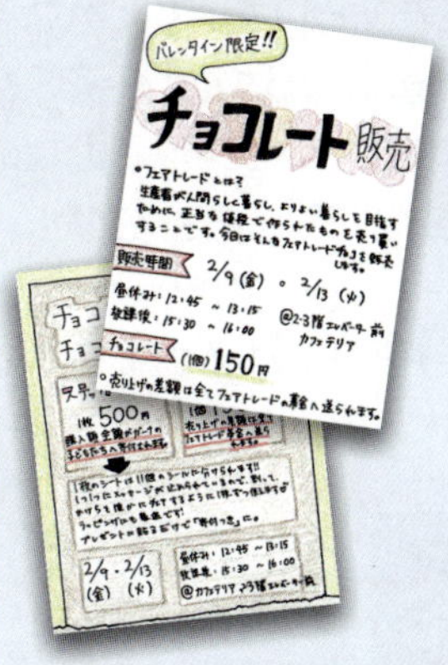

プロジェクトメンバーと先生との対話は、プロジェクトを終えた今でも続《つづ》いています。それは、プロジェクトが終わっても、伝《つた》え続けたい“気づき”が生まれたからです。この活動での“気づき”はこれからも、時間を超《こ》えて伝《つた》わり、次の行動へとつながっていくでしょう。

VUCAの時代をむかえ、「過去《かこ》の延長線《えんちょうせん》上に未来《みらい》はない」といわれています。未来《みらい》は私《わたし》たちの意識《いしき》と行動が担《にな》っています。学び、知り、行動を起こしていくことが、私学《しがく》で過《す》ごす六年間の中で育まれているのです。

共有《きょうゆう》されていた一つの言葉

プロジェクトメンバー、そして活動を見守り、さまざまな形で応援《おうえん》した先生の中に、共有《きょうゆう》されていた一つの言葉がありました。

「Trust in God. Be true to your best self.」
（神を信頼《しんらい》せよ。最善《さいぜん》の自己《じこ》に忠実《ちゅうじつ》であれ）

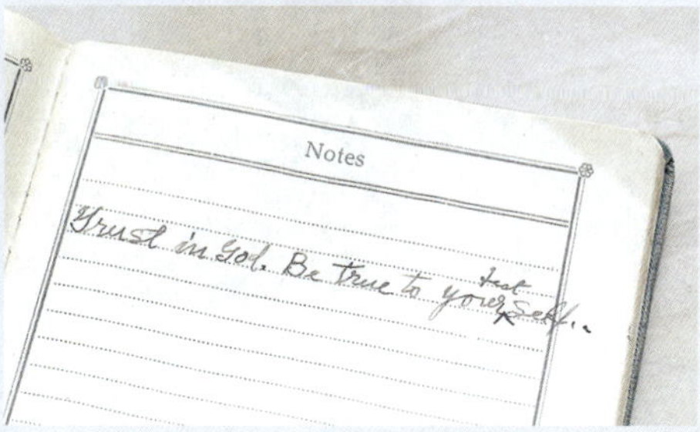

これは、捜真《そうしん》女学校の土台をつくった、宣教師《せんきょうし》であるカンヴァース第二代校長が、一人の生徒《せいと》におくった言葉です。未来《みらい》に向かって、つくり続《つづ》けられている伝統《でんとう》。それを支《ささ》えるのは、変わることのない建学《けんがく》の精神《せいしん》なのですね。

SDGsの眼鏡《めがね》で私学《しがく》を見ると「今つくられている未来《みらい》」と出あいます。
先輩《せんぱい》たちは、自分たちの活動を通して次のような“気づき”を持ったのだそうです。
「知らないままでも大人になれるけれど、知るということで今までと違《ちが》う世界が見えた」
「今までの生き方から抜《ぬ》け出す一歩を踏《ふ》み出せたのは、仲間《なかま》がいたから」
「今がいかに幸せであるかが見えて、一つひとつのことに対して本気を出そうと思った」
「世界を変《か》えたいと思ったときに、学ばなければいけないと思った」
あなたは、どこで、誰《だれ》と、どんな未来《みらい》をつくっていきますか。

関東学院中学校高等学校

人になれ 奉仕せよ

関東学院で行われた高校一年生の「2030 SDGsカードゲーム」を使った授業。３人一組になった13のグループに分かれ、それぞれにグループゴールを決める。グループゴールは、①大いなる富、②悠々自適、③貧困撲滅の聖者、④環境保護の闘士、⑤人間賛歌の伝道師の５つ。「経済・社会・環境のバランスを考えた持続可能な開発」を意識し、「グループごとのゴールの実現」のため幾つものプロジェクトを実施していく。プロジェクト実行のために、必要な時間とお金をグループ間交渉で獲得していく。と同時に、今の世界の状況を示す経済・環境・社会の３つのメーターが動く。ゲームは、前半と後半の２ターム。前半終了時は、経済がかなり優勢となるも、後半では環境・社会への意識が起こり、盛り返す。

ゲームを終えてのふり返りでは、次のような声が上がった。

- 「大いなる富」をグループゴールとするグループからは、前半「お金」を集めることに集中していた。グループゴールを達成してからは、世界の状況に貢献しようと思った。
- 他のグループと交渉をする中で、どこのグループも同じ問題を抱えているんだと気がついた。

今回のゲームでは、「人生のゴール」と「プロジェクト」がゲームの目的として与えられ、13グループ中11グループが、グループゴールを達成しました。ふり返りの後、「世界はつながっている」「私が起点」という２つのメッセージを受けて再びグループで対話を行い、生徒達は複雑化する世界の状況に思いを馳せました。授業の最後には、「人生のゴール」も「プロジェクト」も、自分自身で決められるというメッセージとともに、白紙のカードが配られ、生徒個々人がそれに思いをめぐらせていました。

また文化祭では、あるクラスが「フェアトレード」をテーマに取り上げました。最初はフェアトレードという言葉を耳にすることもはじめてで、内容を知った後も「こんなに高いものは売れないよ」という思いを多くの生徒が抱いたようです。フェアトレード都市を宣言した逗子市の取り組みに参加する数名の生徒を中心に、安いことはいいことばかりとは限らない、という世界の現実と向き合う時間となりました。

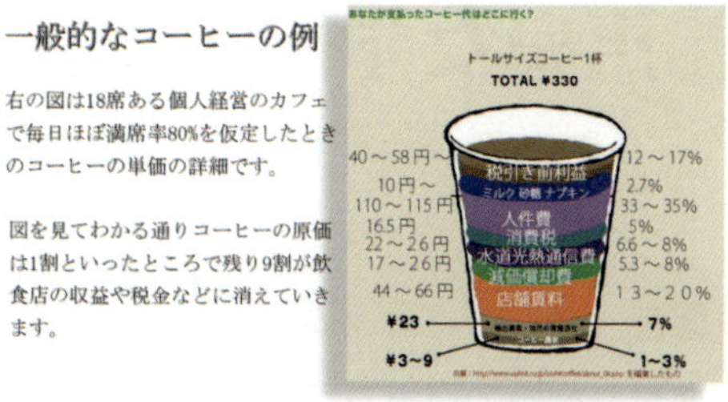

「私たちが普段着ている服が安く買える背景には、服の原材料となる綿を生産している発展途上国では、未成年者が農薬の影響で亡くなってしまっている、などといった悲惨な現状を改めて知り、フェアトレードをはじめとした国際協力の重要性も学ぶことができました。」という感想もあり、この活動の中で学んでいくうちに、持続可能な社会と自分のあり方に関係があるという意識が生徒達の間に芽生えました。

2030 SDGsカードゲームに取り組んだ生徒の感想

- この授業を通して最も重要だと感じたのは「可視化」だ。カードゲームの前半、各チームは目先の目標を達成することのみを考えたことで、世界の状況メーターは「経済」へと大きく偏った。後半は世界の状況を示しているマグネットの数を見ることで危機感を感じ、それが均衡を取る方向へと向かった。後半に均衡が取れたのは世界の状況が目に見えたからだと思う。世界を取り巻く問題の解決が進展しないのは、現状や達成状況が可視化されていないからではないかと思った。
- カードゲームを通じて、一つのところが全体の状況を作っているのでなく、一つが全部とつながっていることがわかった。そのために一つ一つそれぞれが全体のために、と動かなければ何も変わっていかないのだ、と感じることができた。
- 簡単なゲームで、グループ同士や他のグループと話し合うこともでき、楽しかった。また、楽しいだけではなく考えることも多くあった。班の単位で考えるか、国の単位で考えるか、でカードゲームとはいえ楽しい気持ちだけでは終わらなかった。不足しているもの、必要なもの……と問題はどこにでもあるのだと感じた。
- ゲームはとても楽しかったし達成感がすごかった。前半は自分の目標を達成するためにがんばって、後半は世界のメーターが均等になるようにミッションを他のチームと協力してやろうとしたけれど時間が足りなかった。ゲームだけではなくて現実も、やろうと思ったときにやり始めるのではもう遅い、ということもあるのかもしれないと思った。

KANTO × SUSTAINABLE DEVELOPMENT GOALS 2030年に向けて世界が合意した「持続可能な開発目標」です ⇒ サーバントリーダー

恵泉女学園中学・高等学校

●園芸

恵泉女学園の教育プログラムの一つに「園芸」の授業があります。中１と高１が必修で、畑で花や野菜を育て、収穫したものを利用して授業を行っています。中２の夏には山梨県清里の牧場でのファーム・ワークに全員で行き、牛舎の清掃を行います。集められた牛糞や敷き藁は牧場で１年かけて堆肥にされ、冬に恵泉の畑に運ばれてきます。黒くふっくらとした堆肥は牛糞や藁から出来ているとは思えないほどです。生徒は一輪車とスコップでその堆肥を播き、春の畑に備えます。

●被災地支援

東日本大震災の後、自分たちができることを行いたいという生徒の思いから、被災地・南三陸町での活動が始まりました。園芸の授業で栽培した草花を仮設住宅に配布する活動から始まり、現在では漁港でのわかめの収穫と加工作業を中心に行っています。地元の方々と話をしながらの作業で参加者はとても良い刺激を与えられています。卒業生も自主的にグループを作って参加し、南三陸に帰るという表現をする者もいるほど、深い愛情を持って作業に取り組んでいます。

校内では年に３回ほど生徒会が収穫のお手伝いをした塩蔵わかめや南三陸町の物品を販売して、その利益を南三陸町の港の整備費用としてお送りしています。この働きは熊本・鳥取などで起きた災害にも目を向けた活動とつながっています。

●共に生きるための活動へ

被災地支援に参加していた生徒たちが、南三陸に行くのは「支援」ではないと言い出しました。生徒たちは「与えているのではなく受けているのだ」ということを実感したようです。そのため現在は「被災地支援」という言葉を使っていません。共に生きていくことの大切さを体感したのだと思います。恵泉ではこの他にも礼拝の中で毎月献金を捧げ、その献金で１学年で１人のフィリピンの里子を担当してその学びを支えたり、クリスマスの季節には障がいを持つ方々について施設の方々から学んだ後に施設を訪問する等、様々な活動を行っています。

思う　～被災地に行って～

高校2年生　N・S

（前略）

私が最も印象的だったのは、やはり「大川小学校」だ。あまりにも広い大地に、生気を失った小さな小学校がぽつりと一つ、悲しそうに建っていた。でも、それは確かな存在感を放つのだった。その前には小学校を飲み込んだはずの灰色の海が、どこまでも穏やかに広がっていた。そこに足をおろした私はどうしたら良いのか、何をしたら良いのか全く分からなくなってしまった。地面には子供たちが使っていたであろう、ペンや、ハンカチの切れ端、ビニールなどが落ちていて、すかすかになった校舎の中には、もう使われることのない黒板が寂しそうに残っていた。震災が起こる前までは、確かにそこに子供たちの生活があったのだ。津波が彼らを今にも襲おうとしたとき、彼らはどんな思いだったのだろう。恐ろしかったのか、悲しかったのか、悔しかったのか、言葉では到底言い表せない思いが数えきれないほどあったはずだ。私には想像もできないし、きっと一生彼らの気持ちを理解することはできないだろう。また、子供たちは沢山の夢や希望を抱いていたことだろう。でもその夢や希望は、子供たちの命と一緒に、一瞬にして断たれてしまった。私たちはまた明日が必ずやって来ると思っているが、本当はなんの保証もなく、客観的に見てみると私たちはなんて傲慢なのだろうかと感じる。きっと子供たちも明日があたりまえのものとしてその時間を生きていたことだろう。私は彼らに何もしてあげることができない。ただこうして、「思う」だけなのだ。　（中略）

仮設住宅にお住まいの方々に、恵泉生が育てた花の苗を配った。直前まで、ボランティアのためにやって来た私たちのような学生を、被災された方々はどう思うのだろうかと不安に感じることもあった。でも、私たちが一軒一軒仮設住宅を回っていると、時に笑顔を浮かべて喜んでくれる人や、涙を流してくれる人さえいた。私たちのような力のない者でも、苗を配るという小さな行いで人の為に何かができるのだと実感して、素直に嬉しかった。私は、自分が与えることで、それ以上に与えられるのだと、改めて感じた。１日目から思っていたことだが、案内してくださったご夫妻は実に明るく、笑顔を絶やさなかった。被災地を目の前にして、言葉の出ない私たちに、「そんなに悲しそうな顔をする必要はないよ。皆頑張っているから大丈夫だよ」とおっしゃった。被災された方に、逆に励まされた私は、なんて情けないのだろうと思う。ご夫妻のその言葉の、笑顔の裏にどれほど深い悲しみが潜んでいるのか、私には分からない。でも、強く、たくましくいることが、彼らにとっての唯一生きる道なのかもしれない。強い人は、美しい。人は一人では生きていけない。常に誰かと関わり、助け、助けられて生きている。でも人はそのことをすぐに忘れてしまう。あたかも、自分一人の力で生きているかのように。だからこそ人は、相手を「思う」心が大切なのだと思う。思いが思いを呼んで、人と人が繋がっていくのだ。

（震災一年後に訪問した生徒の感想文の一部抜粋）

× SUSTAINABLE DEVELOPMENT GOALS 2030年に向けて世界が合意した「持続可能な開発目標」です ⇒ 未来へ、共に

中村中学校・高等学校

中村が目指す教育の在り方

国境なき協奏社会を目指して

論理的思考力・判断力
批判的思考力・主体性
相互理解的思考力・表現力
協働的思考力・協働性
地球的思考力・多様性

「地球市民」を育成する国際理解教育

- **自己表現力**
  世界に向けて自己を発信しよう
- **コミュニケーション能力**
  世界の人々とつながろう
- **問題発見解決能力**
  世界で起こる問題について自ら考えてみよう
- **行動力**
  世界の問題に向けてはじめの一歩を踏み出そう

（国際科の教育目標より）

NAKA MURA × SUSTAINABLE DEVELOPMENT GOALS 2030年に向けて世界が合意した「持続可能な開発目標」です ⇒ 未来の地球を担う

「ジェンダー」をテーマにプロジェクト学習

5 ジェンダー平等を実現しよう

少子高齢社会の日本。様々な分野で女性の活躍が期待される。一方、家庭や職場などでジェンダーの不平等を感じる。世界経済フォーラムにより毎年公表されるジェンダーギャップ指数においても日本は下位に位置している。そこで、女子校の場でこそできる「社会貢献・社会創造を担う女性とは」を課題とし、グローバルキャリアという視点を軸に、「ジェンダーフリー(ジェンダーにとらわれない)」社会のあり方を生徒１人ひとりが追究していく。国際科では、ジェンダーの基礎論を学ぶとともに、全員が海外留学(英語圏)を経験する。その中で日本を相対化して見つめる力をつける。留学前にジェンダーに関するテーマを各自が設定し、留学中に調査を進めて帰国後に論文としてまとめて発表する。ジェンダーフリーの社会の実現は難しい。だからこそ、現状に向き合い、批判的思考を持って自ら問い、葛藤しつづける地球市民をおこなう。

桜美林中学校・高等学校

学ぶ目的は、広く世界の人々に奉仕するため。

桜美林学園の創立者清水安三・郁子夫妻は、国際教育・ボランティアのパイオニアとして1921年に北京郊外に崇貞学園を開設し、貧困に苦しむ子どもたちが自立するための教育活動をはじめました。敗戦後、夫妻は中国からの引揚げを余儀なくされましたが、帰国後、どのような環境にあっても常に希望を持ち、国や人種を越えて人々の痛みを理解し、多様な価値観に対応できる人材を育成することを願って、桜美林学園を設立しました。

清水安三は「隣人愛」「学而事人」をモットーとしました。共生社会を実現すべく、そのためには学んで人に仕える、すなわち学ぶ目的は立身出世にあるのではなく、広く世界の人々に奉仕するためにあるのだと説きました。その創立者の精神・情熱を受け継ぎ、現在の桜美林中学校・高等学校があります。

桜美林中学校では毎週水曜日の１時間目に中学校全クラスがチャペルに集い、礼拝の時間を守っています。礼拝時における献金は、中学１年生は同じエリアにある日本聾話学校に、中学２年生は近隣の社会福祉施設に、中学３年生はチャイルド・ファンド・ジャパンを通じて、アジアの貧困の中で暮らす子どもたちのために役立てていただいています。

また、高校１年生は日本基督教団神奈川教区寿センターの活動に、高校２年生はNPO法人パレスチナ子どものキャンペーンの活動に、高校３年生は公益社団法人好善社を通じて、ハンセン病療養所に入所されている方々のために役立てていただいています。

これら以外にも生徒たちが持ち寄り「花の日礼拝」でチャペルを飾った花々は近隣の病院や老人保健施設に届けられます。「収穫感謝礼拝」にあわせて奉仕委員が全校生徒に協力を呼びかけ集められた献米は、寿センターを通じて野宿生活者のための炊き出し活動に用いてもらいました。今年度は中高合わせて250kgものお米を寄付することができました。

SDGsが目標として掲げている「貧困をなくそう」「すべての人に健康と福祉を」「質の高い教育をみんなに」「平和と公正をすべての人に」を“ふつう”のこととして実践してきました。

これらの教育活動が評価され、桜美林中学校・高等学校は東京都内の中高一貫校では11番目となる「ユネスコスクール」への加盟が許されることになりました。

桜美林 × “ふつう” ⇒

立正大学付属立正中学校・高等学校

「自分の力を発揮する」を育てる

立正大学付属立正中学校・高等学校では、「R-プログラム」というプログラムがあります。「Research(自ら進んで調べる)」「Read(主張や要点を読み取る)「Report(意思や結果を正確に伝える力)」のスキルを伸ばしていきます。朝のホームルームの時間に、新聞、雑誌、WEB上のコラムを読み、自分の意見を200字以内にまとめ、スピーチするものです。その中で取り組んだSDGsに関する課題を紹介します。

「海の豊かさを守る」ということについて　中学一年生女子

海にはたくさんの魚がいます。そして、海は私たちの日々の生活とつながっています。例えば、私たちがポイ捨てをすると風で運ばれて、海がよごれてしまいます。だから、海を豊かにすることは、遠い活動に思えますが、実際自分たちの生活につながっていて、自分たちの心がけでできることだと思います。

「人間が出した有害物質、深海10000mのマリアナ海溝にまで広がる…もはや地球上にクリーンな場所など無い」という記事を読んで　中学二年女子

便利さや安さで選ぶのではなく、自然に優しい、分解できるものを、多少高くてもそれを一人一人が買うことで、人工物、分解できないものが売れなくなり、世の中の商品を少しずつでも移り変えていく。一人一人の意識もだが、企業単位の努力がもっと必要。(後略)

子どもは、自分の意見を200字以内にまとめるだけでなく、スピーチで発表するために、言葉の意味を調べたり、その言葉に刺激をうけて、いろいろな社会の問題を発見したりしながら、自分の見識を広め、さらに、持続可能な発展に対して、いろいろな視点を持つことにつながっていきます。

× SUSTAINABLE DEVELOPMENT GOALS 2030年に向けて世界が合意した「持続可能な開発目標」です ＝ モラリスト × エキスパート

相模女子大学中学部・高等部

●建学の精神「高潔善美『固き心を以てやさしき行いをせよ』」を実現する学び

「確かな学力を身につけ」「女性としての品格、感受性をそなえ」「広く社会と関わり、社会に貢献できる」生徒を目指し、教科学習を超えた、人として生きるための学びの時間「マーガレットタイム」を設けています。「命」をテーマに、自分の存在のかけがえのなさ、自然と人間の関係など、多角的に命と向き合います。そして女子校だからこそ、誰もが「命」を産み育む可能性を秘めていること、女性として生きる未来について考えるための様々な体験学習を実施しています。

●高校３年生から、中学１年生へつなぐ授業

マーガレットタイムを使って、進学先の決まった高校３年生から中学１年生に向けて「児童労働」をテーマとした授業を行いました。授業で大切にされたのは、まずは事実を「知る」こと、そして知った事実を他者に「伝える」こと、他者と「共有する」ことの意義です。高校生は言葉を選びながら中学生へと語りかけ、中学生はその姿を見ながら言葉の一つ一つを受け止めていました。

プレゼンテーションとワークショップを通して、生徒たちはSDGsと、世界で起きている格差や貧困の実態を知ります。そして、子どもたちを児童労働に追い込むのは貧困だけではなく、「貧しいから学校へ行けなくてもしかたがない」「女の子は教育を受けなくてもよい」という当事者の意識や、「児童労働なんてなくせるはずがない」という私たちの思い込みであることを知り、消費者である私たちも児童労働と関係があることに気付きます。教育の機会の保障や、ジェンダー不平等の解消などを自身の課題とし、地球の未来を担う自分たちは、これからどのように世界と向き合っていくことができるのかを考えていきます。

授業に参加した中学１年生の感想

- 自分達と同じ年、それより小さい子が、学校に行けなくて、勉強できなくて、働かされるのはすごく悲しいことだと思った。
- ガーナの人は、毎日生きるのに精一杯なのに対し、日本は家族との時間を大切にできるほどの時間とお金の余裕があるのが分かった。
- 児童労働で大変な思いをしながら働いている人のことを救える手段はたくさんあることがわかりました。
- 同じ地球に住んでいる人間としてしっかり受けとめて行動にうつせたらいいいと思う。

× SUSTAINABLE DEVELOPMENT GOALS 2030年に向けて世界が合意した「持続可能な開発目標」です ⇒ 命と向き合う

成蹊中学・高等学校

ホンモノに触れる

成蹊学園では創立当初から、たくさんの体験を通し、ホンモノに触れることで学びに対する好奇心を自然と芽生えさせていく授業が行われ続けています。ホンモノに触れることを通して科目をこえた学びを実践し、解答のない将来において必要な多角的な視点から物事の本質を見極める力を育んでいきます。

■実際の取り組み■

- ホンモノの化石を子ども達が採集して構造をとらえる
- ホンモノの深海魚を解剖し、調理して食べる　……など。

×

知的好奇心でつながる

小、中、高、大学すべてが１つのキャンパスにあるというメリットを活かして、年代をこえて、児童・生徒・学生同士が交流できる活動が行われています。参加者が考え方の幅を広げる、年代にとらわれない価値観を作る、価値観そのものを変えるきっかけを持ちます。

■実際の取り組み■

- 中学生が大学のゼミや授業を体験
- 小学生から大学生の垣根を越えた知的好奇心をくすぐるシンポジウム（成蹊オープン・ゼミ）の開催
- 高校生が大学の授業を履修　…など。

環境に配慮した教育・取り組み

○成蹊気象観測所

…90年以上におよぶ観測所のデータが学校周辺地域の環境変化をとらえるためなどに利用されています。授業中に生徒が観測を実施し、観測したデータを授業の中で使用しています。

○ESD（持続可能教育）成蹊フォーラム

…成蹊学園で実践している環境活動やESDの取り組みを紹介しています。……など。

成蹊中学・高等学校は、1912年に成蹊実務学校として創立された100年以上の歴史を持つ学校です。知育偏重ではなく、人格、学問、心身にバランスの取れた人間教育を実践したいという創立者の思いから生まれた建学の精神（「個性の尊重」「品性の陶冶」「勤労の実践」）のもと、現在では「グローバルに認知される教養と個性」「協調性のある自立精神と自律的行動」「知的好奇心と科学的探究心」を掲げ、自ら課題を発見し、解答を導き出せる人物の育成を目指しています。

成蹊オープン・ゼミのようす

「オーロラと宇宙シンポジウム」

小学生から大学生、保護者といったさまざまな年代の人々が集まり、専門家の方々からオーロラについての話を聞き、４次元地球儀を見ながら宇宙や自然現象と向き合っていきました。シンポジウム中には、トレーにのせられたホンモノの南極の氷を参加者全員が直接触る体験をしました。また、南極大陸とのライブ中継が行われ、南極大陸の昭和基地内の映像や、働いている方の話を聞き、直接やりとりを行う機会がありました。

そんなホンモノに触れる時間を過ごすことで、参加者からは次々と質問が生まれていきました。１人の参加者が質問することによって、別の参加者からも新たな質問が次々と生まれ、参加者同士が互いに好奇心をくすぐりあう時間ともなりました。今後も年代の垣根を越えて交流できる企画や、環境に対するさまざまな取り組みが行われていく予定となっており、その展開が楽しみです。

実際に出た質問

- 南極ではどんな取り組みをしているの？
- オーロラににおいってあるの？
- 船でどうやって南極まで行くの？
- オーロラで発電はできるの？
- 飲み水はどうやって確保しているの？
- 南極の魅力は？　……など。

参加した小中学生からの感想

- オーロラの色がその星にある元素によって変わるという話を聞き、宇宙っておもしろい！と思った。
- オーロラは地球での出来事ではなく、宇宙で起こっているということが興味深かった。
- 緑のオーロラが見えるのは、大気中の窒素や酸素が光っているので、このオーロラがあるのは生命がある証という話に興味を持った。……など。

ホンモノ × 好奇心 ＝ SEIKEI ×

SUSTAINABLE DEVELOPMENT GOALS
2030年に向けて
世界が合意した
「持続可能な開発目標」です

渋谷教育学園渋谷中学高等学校

渋谷教育学園渋谷中学高等学校は、1924(大正13)年に創立した渋谷女子高等学校から改組し、平成８(1996)年に男女共学の中等高等学校として創立しました。21世紀の国際社会で活躍できる人間の育成のため、「自調自考」の力を伸ばすことを根幹に、「国際人としての資質を養う」「高い倫理感を育てること」を目標として、子どもたちを育てています。このような取り組みから、高等学校は、ユネスコスクールとＳＧＨにも認定されています。

● **模擬国連部の活動**

同校の模擬国連部は同好会時代を入れて５年目を迎え、現在では中学２年生から高校２年生まで70名ほどの生徒が活動しています。模擬国連とは、国際連合(国連)の仕組みの理解や、国際社会における問題を解決していく過程を体験することで興味・関心を広げ、さまざまな能力を高めていくことを目的に開かれる大会です。年に１度開かれる全日本高等模擬国連大会に参加し、そこで勝ち抜くと日本代表として国連本部のあるニューヨークでおこなわれる高校模擬国連大会に進みます。この大会では、国連と同じ形式で、国際社会における問題について、参加者が各国の大使として参加し、自国の国益を考えながら、いかに世界と協働・協調しながら問題解決を図っていくかを交渉していきます。この模擬国連活動は、10年を迎えましたが、それまでの活動は帰国生や、一部の生徒に限られたものでした。しかし、次第に活動の裾野が広がり、認知され、今やさまざまな学校で教育の一環として取り入れられています。同校では、これまで何度も全日本高等模擬国連大会で勝ち抜き、ニューヨークでおこなわれる大会に進んでいます。

● **模擬国連部での活動が学びを突き動かす**

模擬国連で扱う議題は、食糧、生物多様性、人権、核、貿易、経済、金融システムなど幅広い分野になっており、2016年の議題は「サイバー空間」でした。この議題について、参加者が２人組みのペアで、世界の国・地域から担当国を決め、その国の情勢をとらえ、国益を損なわず、そして世界と協働・協調しながら課題解決に向けての議論をしていきます。高校生にとっては、どの分野が議題になっても、問題の本質をとらえることは難しいものばかりです。さらに、大使として担当する国・地域の情勢や歴史をとらえ、国益を優先させる、あるいは損なわない提案を考え、世界とも協働・協調していくための道筋を探っていくための交渉を進めるのです。議題はもちろん、担当国・地域の歴史や現状など、背後にあることがらを多角的な視点でとらえ、本質を理解しないと、交渉のテーブルにはつけません。ですから、さまざまな文献、インターネット、論文など、あらゆるものから情報を収集し、学校の先生に質問することだけにとどまらず、ときには、論文の著者に自ら連絡をとり、納得するまで内容を深めていきます。こうした一連の準備の中では、プレゼンや情報収集の能力を高めることのほかに、多角的に問題を分析していく視点、ディスカッション能力、戦略的思考、論理的思考など、さまざまな力を養うことになります。生徒は、課題解決に向けて、自らが必要だと思ったことを、必要なときに必要な相手に対して行動しています。この行動力は、先生方も驚くほどだと言います。こうした生徒の行動や経験は、教科の学びにも活きています。たとえば、授業である課題を提示したとき、課題解決に向けて、自然と模造紙を持ち出し、ポストイットをはり出して、意見を出したり、出た意見を分類したりするなど、課題に対して起こす行動にもつながっているそうです。また、模擬国連の準備で得たデータを分析する力は論理的な思考力を高め、数学的なものの見方を促したりします。世界史の学びや現代社会の授業では、さまざまな国・地域のあゆみを知り、過去と現在を行き来しながら、自分の事として世界で起きている諸問題をとらえることにもつながるなど、自分自身が自由に科目を超えた視点や立場に立って、ものごとをとらえ、考えていくことにつながっているそうです。

●リーダーシップ×フォロワーシップ

模擬国連の大会では、相手国と交渉をしていきます。国益を考えて交渉していくためには、相手国を納得させるだけの材料をどれだけ揃えられるか、どのようにプレゼンや交渉をしていくのか、どのように相手の要求や考えを引き出すのかという、プレゼン能力とともに場を動かすリーダー的な素質も必要です。しかし、自国の利益ばかりを優先させては、世界全体で問題解決をしていくことは難しいものです。そんなとき、必要となってくるのがフォロワーシップです。相手国の主張を聞き出したり、会議の参加者が参加しやすい環境を整えたりする行動も大切です。そうした、リーダーシップとフォロワーシップの両方がうまくいくからこそ、自国の国益を優先させることができ、そして、課題解決に向かうことができるのです。さらには、そのリーダーシップとフォロワーシップも２人組のペアそれぞれが、助け合いながら、役割行動もしているのです。

●模擬国連部の魅力

模擬国連に向けた準備には、議題内容や国の情勢の理解、交渉、プレゼン準備等大変です。それでも、生徒自身を突き動かすもの、それは、まさに「ニューヨークの国際連合本部に実際に行けること」。そして、なによりそれを経験してきた「先輩の背中」を追いかけるというところにあるようです。ニューヨークに行けば、実際に大使となった国の政府代表部を表敬訪問したり、国連事務総長にも会えたり、国連で実際に仕事に携わる方々に会えたりと、本当にテンションも上がります。国連憲章を見ると、身が震えるとも言います。模擬国連の参加者はそれほどの思いを持って、国際社会での舞台で活躍します。

SHIBUYA JUNIOR HIGH SCHOOL × SUSTAINABLE DEVELOPMENT GOALS ⟹ 自らを見つめ、仲間と共に生きる

2030年に向けて世界が合意した「持続可能な開発目標」です

捜真女学校中学部・高等学部

ボランティア・献金－小さなわたしにもできること　（捜真女学校HPより）

●里親献金－海の向こうにも共に学ぶ仲間が

30年以上前から、フィリピンの里子を各クラス１人ずつ支援しています。現在、中高24クラスと教職員・PTAを合わせ、36人の子どもたちの学びを支えています。

●感謝祭礼拝－チャペルの壇上が野菜や果物でいっぱいに

全校生徒によってささげられた野菜や果物は、寿町の炊き出しなどに使われます。生徒たちが炊き出しのお手伝いに行き、たくさんの野菜の皮むきをしたり刻んだり、また、配食や食器洗いもお手伝いします。

●カンボジア教育支援－楽器と文房具と思いを届ける

15年前に全校が力を合わせて建てたピートゥヌー小学校。現在も献金や献品を通して支援を続けています。毎年３月には、高校生有志が訪れて交流しています。

寿町の炊き出しに参加した中学生の感想

●今、日本では「世界」のように遠くのことばかり目を向けていると思います。自分の目の前にあること（問題）にきちんと目を向けるべきだと思います。自分の日常を見つめ直し、感謝していきたいです。

●私達はいつものように学校に行き、学校から帰る場所があります。そして私達はそれをあたりまえと思っています。しかし今日いろいろな体験をして生きることの難しさを感じました。これからはホームレスの方々を助けられるように身近な所から積極的にボランティアなどに参加したいです。

●ここから先は私の思ったことですが、ホームレスの人の心に優しさがあふれています。しっかり寝て、ちゃんとした食事がとれるように少しだけでも支えられるようになりたいです。世の中にいらない人なんていません。

（３名の感想文から抜粋）

カンボジア研修旅行に参加した高校生の感想

（前略）

また、私が研修旅行の中で一番印象に残ったのはカンボジア近代史のポル・ポト政権下における大量虐殺の歴史です。

当時、学校として使用されていた建物を改装し作られたトゥールスレーン収容所の中には、当時のままの独房や実際に使用された拷問器具が残っていました。また床に染みついて残ったままの血の跡が内戦の歴史の凄惨さを物語っていました。

（中略）

研修に参加する前の、私の中でのカンボジアのイメージは発展途上国。貧しく遅れているといったマイナスなものでした。しかし実際に行って目にしたのは、同じ人間が日本よりもゆっくりとした時間のなかで生きている、ある意味日々都会の喧騒の中で生きる私にとって羨ましい光景でした。また、カンボジアと日本との大きな違いの中で自分の中の狭い偏った価値観を見直すことができました。

きっと、日本からの観光旅行だったら表の部分であるアンコール・ワットやアンコール・トムなどの世界遺産やマーケットなどしか行かなかったと思います。

17歳という年齢でカンボジアに行けたこと。

今のカンボジアの裏にある歴史を間近で学べたこと。

この経験は、これから私が人生を歩んでいく中で必ず貴重な糧になると思います。

この研修で素晴らしい経験をさせてくれた全ての人に感謝の言葉を伝えたいです。

HPに掲載されていることのほかに、地域の作業所へのボランティア活動、東北など被災地への支援、アジアの子ども達に絵本を贈る活動など、さまざまな形でSDGsに関わる活動を続けています。

湘南学園中学校・高等学校

●協働を学ぶ自治活動

いわゆる生徒会本部の役割を果たすのが、湘南学園の総務委員会。三大行事の運営はもちろん、部活動全般のサポートも行います。クラス委員と協力し、年間イベントを考案することも。校内各所の意見箱に寄せられる生徒からの声を各委員会と共有したり、先生方と話し合う「協議会」という場を設け、生徒の声を学校づくりに反映されるとりくみも行っています。今後はさらに、生徒全員がより積極的に生徒会活動に関われる雰囲気作りをしていきたいです。　　（高校２年）

●グローバルな学び

小学生の頃に海外セミナーの存在を知り、中学生になったら絶対に行きたい！と考えていました。最初のセミナーで中学３年の夏にカナダへ。生の英語に触れ、自身のボキャブラリーの少なさを痛感しました。その想いが高校１年春のイングランドセミナーや高校２年冬の姉妹校ノックス・スクール（オーストラリア）中期留学など、海外での学びを重ねるきっかけになりました。言語だけでなく様々な国や地域の文化にふれ、将来は海外で活躍できるように成長したいです。　　（高校３年）

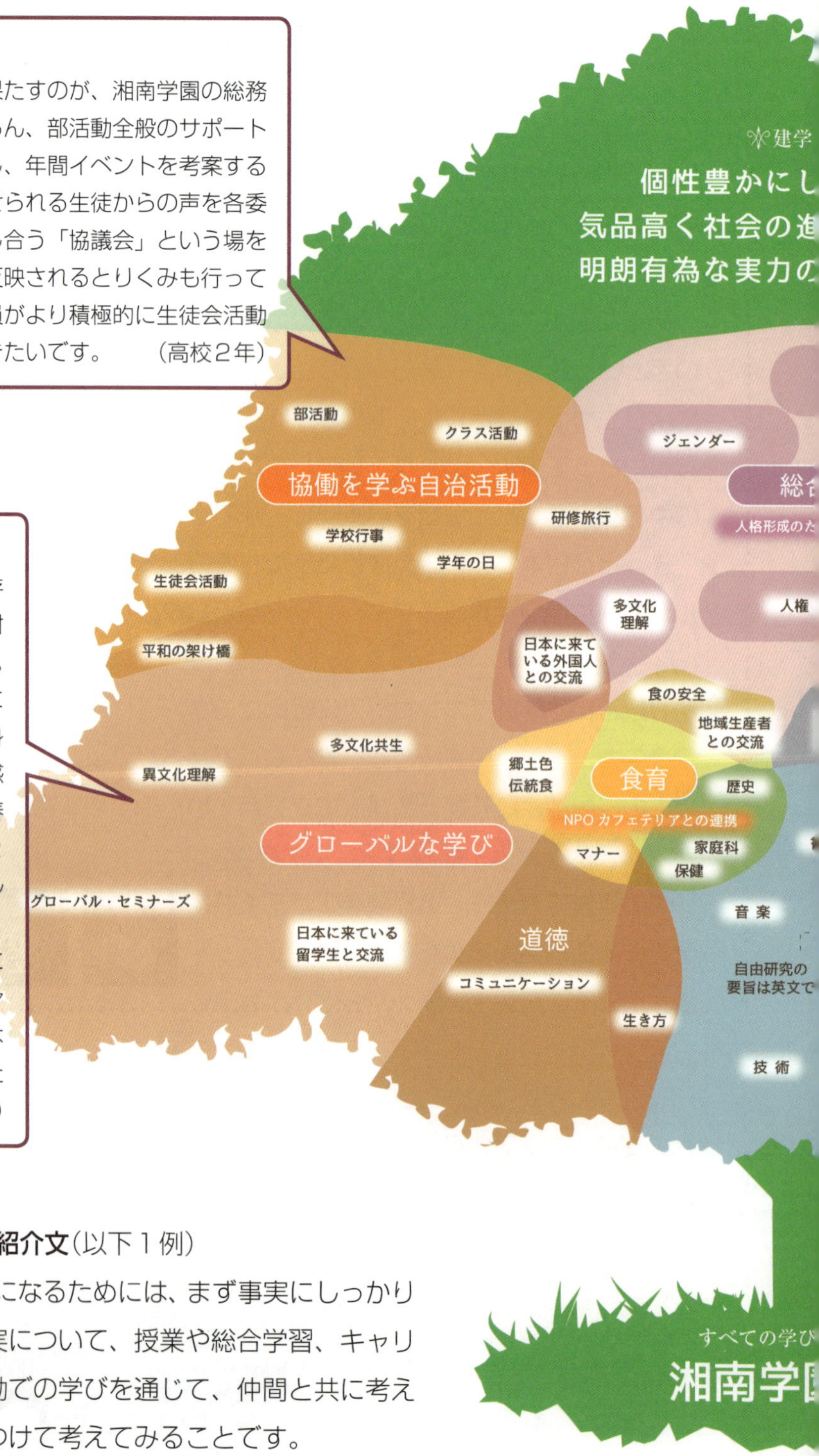

「湘南学園ESD※」についての紹介文（以下１例）

「持続可能な社会の担い手」になるためには、まず事実にしっかり向き合うこと。そしてその事実について、授業や総合学習、キャリアデザイン、さらには自治活動での学びを通じて、仲間と共に考えあい、自分の生き方にもひきつけて考えてみることです。

湘南学園ESDのキーワードは“つながる学び”です。

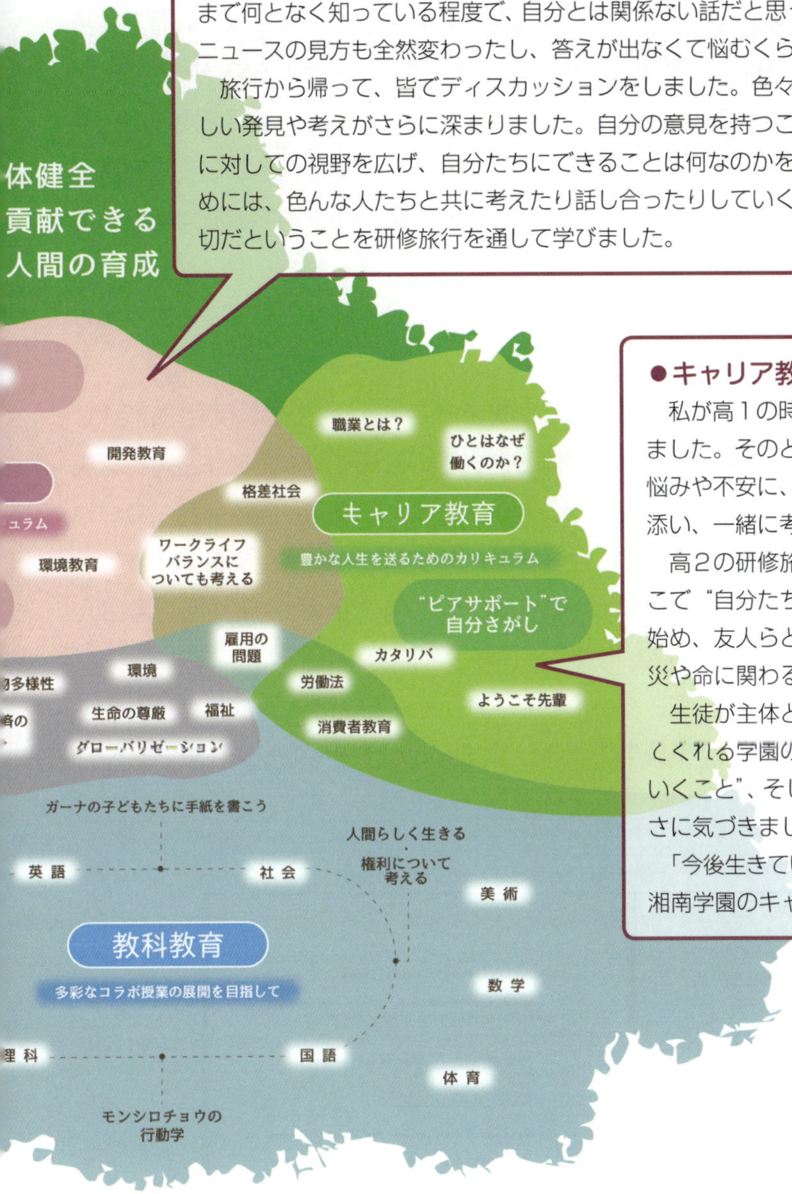

●総合学習

研修旅行で沖縄に行き、戦争や基地のことを学びました。現地でホンモノを見たり話を聞くという経験は本当に刺激的で、価値観が大きく揺さぶられました。それまで何となく知っている程度で、自分とは関係ない話だと思っていた問題について、ニュースの見方も全然変わったし、答えが出なくて悩むくらい考え続けました。

旅行から帰って、皆でディスカッションをしました。色々な意見が出る中で、新しい発見や考えがさらに深まりました。自分の意見を持つことは大切ですが、問題に対しての視野を広げ、自分たちにできることは何なのかを具体的に考えていくためには、色んな人たちと共に考えたり話し合ったりしていく過程こそが、何より大切だということを研修旅行を通して学びました。（高校2年）

●キャリア教育

私が高1の時、NPOカタリバの皆さんが来てくれました。そのとき抱えていた勉強や進路、将来への悩みや不安に、少し年上の大学生たちが真剣に寄り添い、一緒に考えてくれました。

高2の研修旅行では、東北へ行きました。私はそこで“自分たちに何かできることはないか”と考え始め、友人らと有志団体「東北部」を立ち上げて防災や命に関わる様々な活動に取り組みました。

生徒が主体となって考え、行動することを応援してくれる学園の気風の中で、私たちは、“学び続けていくこと”、そしてそれを“伝えていくこと”の大切さに気づきました。

「今後生きていくうえで大事なことを学ぶ」これが湘南学園のキャリア教育です。（高校3年）

× SUSTAINABLE DEVELOPMENT GOALS 2030年に向けて世界が合意した「持続可能な開発目標」です ⇒ 未来の担い手

※ESD（Education for Sustainable Development）は、「持続可能な開発のための教育」と訳されます。これは、私たち（まだ生まれていない、私たちの子孫も含めて）が生きていくことを困難にするような問題について考え、立ち向かい、解決するための学びです。

桐蔭学園

昭和39(1964)年４月、横浜の緑深い丘陵地帯の一角に誕生した桐蔭学園は50年以上の歴史を持つ学校です。創立50周年を迎えた2014年、創立以来掲げている「自由・求学・道義・愛国」という４項目の建学の精神に、新たな一行が加わりました。それは、「自然を愛し、平和を愛する国際人たれ」という一項です。グローバル化、多様化の時代を進む一人ひとりが、多様な変化の激しい社会に適応し、地に足をつけ、自らの人生を切り開いていけるための自立的学習能力を育てています。

桐蔭学園でもっとも歴史の浅いクラブのひとつに、中等教育学校後期課程の模擬国連部があります。

模擬国連部は2007年に国際問題に興味のある生徒たちが集まって発足しました。模擬国連とは、実際に発生している国際問題を、国連会議の形式で討論し、各国の立場を踏まえながら問題解決の方法を探るという活動です。この活動を通して、プレゼンテーション能力・国際問題への問題意識の向上、多角的な視野の獲得を狙っています。全国大会では英語での討論、文書作成まで求められますが、模擬国連部は過去10回の全日本大会のうち７回を勝ち抜き(優勝４回を含む)、ニューヨークで開催される世界大会に挑戦しています。

2017年２月に模擬国連部が行ったのは、国連総会形式で「SDGsの優先すべきターゲットを２つに絞り込む」という架空会議。会議の結果は下のように国連と同じフォーマットにまとめられています。

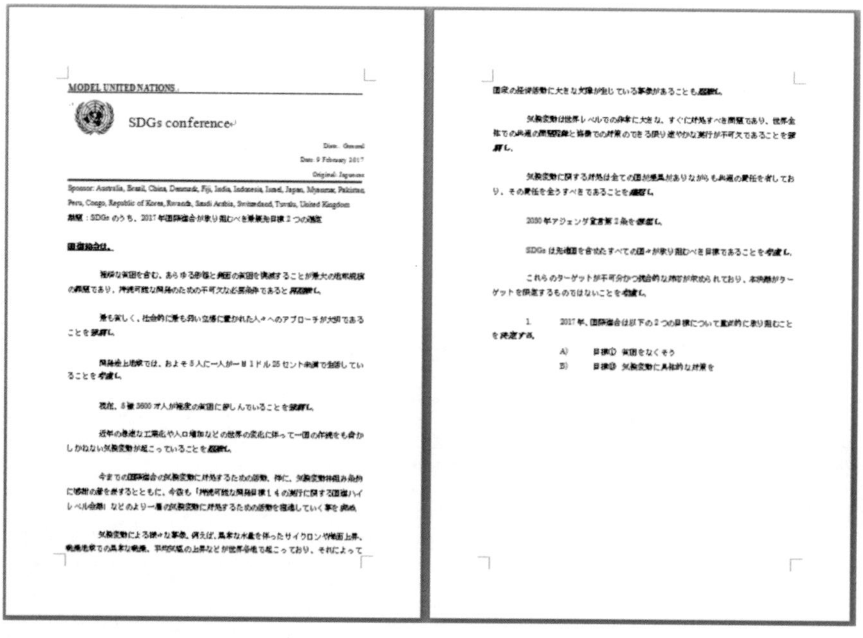

MODEL UNITED NATIONS

SDGs conference

Distr.: General
Date: 9 February 2017
Original: Japanese

Sponsor: Australia, Brazil, China, Denmark, Fiji, India, Indonesia, Israel, Japan, Myanmar, Pakistan, Peru, Congo, Republic of Korea, Rwanda, Saudi Arabia, Switzerland, Tuvalu, United Kingdom

議題：SDGsのうち、2017年国際連合が取り組むべき最優先目標２つの選定

国連総会は、

極度な貧困を含む、あらゆる形態と側面の貧困を撲滅することが最大の地球規模の課題であり、持続可能な開発のための不可欠な必要条件であると再認識し、

最も貧しく、社会的に最も弱い立場に置かれた人々へのアプローチが大切であることを強調し、

開発途上地域では、およそ５人に一人が一日１ドル25セント未満で生活していることを考慮し、

現在、８億3600万人が極度の貧困に苦しんでいることを強調し、

近年の急速な工業化や人口増加などの世界の変化に伴って一国の存続をも脅かしかねない気候変動が起こっていることを認識し、

今までの国際連合の気候変動に対処するための活動、特に、気候変動枠組み条約に感謝の意を表するとともに、今後も「持続可能な開発目標１４の実行に関する国連ハイレベル会議」などのより一層の気候変動に対処するための活動を推進していく事を求め、

気候変動による様々な事象、例えば、異常な水量を伴ったサイクロンや海面上昇、乾燥地帯での異常な乾燥、平均気温の上昇などが世界各地で起こっており、それによって国家の経済活動に大きな支障が生じている事象があることも認識し、

気候変動は世界レベルでの脅威に大きな、すぐに対処すべき問題であり、世界全体での共通の問題認識と協働での対策のできる限り速やかな実行が不可欠であることを強調し、

気候変動に関する対処は全ての国が差異がありながらも共通の責任を有しており、その責任を全うすべきであることを確認し、

2030年アジェンダ宣言第２条を確認し、

SDGsは先進国を含めたすべての国々が取り組むべき目標であることを考慮し、

これらのターゲットが不可分かつ統合的な特性が求められており、本決議がターゲットを限定するものではないことを考慮し、

1. 2017年、国際連合は以下の２つの目標について重点的に取り組むことを決定する。

A) 目標① 貧困をなくそう
B) 目標⑬ 気候変動に具体的な対策を

桐蔭学園中等教育学校模擬国連部のみなさんがまとめてくれたSDGsに関する記事の一部を紹介します。

What is SDGs？　～持続可能な開発目標とは？～

(Ⅰ) SDGsとMDGs

SDGsとは2000年に国連で定められた目標であるMDGs（ミレニアム開発目標）を引き継いだものです。MDGsとSDGsを比べてみることで、世界のいまの姿とこれからの向かう方向性が見えてきます。

MDGsは経済成長を通して発展途上国の生活を改善しようとした目標です。SDGsは発展途上国だけでなく、すべての国が「持続可能な開発」をなしとげるための目標として作られました。

(Ⅱ) SDGsの「持続可能な開発」ってなに？

この「持続可能な開発」という言葉はSDGsのキーワードとなっています。この「持続可能な開発」という言葉は特に環境問題やエネルギー問題について使われます。

では、そもそもこの「持続可能な開発」というのはどのような考えなのでしょうか？

「持続可能な開発」というのは、「目標」と「開発」を、互いに反するものではなく**共存し得るもの**としてとらえ、広い視野を持った開発をすることが可能であり重要であるという考えです。例えば、石油は私たちの生活においてなくてはならないものですが、石油には限りがあります。今の世代でたくさん使えば、後の世代では石油を思い通りに使えなくなってしまいます。それを避けるために、将来のことまで考えながら石油を使うことが「持続可能な開発」なのです。

SDGsではこの「持続可能な開発」という考えを取り入れることによって、未来の人々も平和に、安心してくらせることを目指しているのです。

× ⇒ 未来を作り、守る。

八雲学園中学校・高等学校

《模擬国連》　環太平洋国際模擬国連会議

平成28年３月25～27日、総会に出席し、「教育権の保護」について話し合いました。

生徒の感想

模擬国連を通して、一緒に参加した同世代の中高生から沢山刺激を受けました。また、世界の教育というトピックについて議論を行い、今までよりはるかにグローバルな視点で物事を見ることができるようになったと思います。自分自身の力不足を感じることもありましたが、それと同時に多くのことを学べた模擬国連に参加できたことはとても貴重な経験になりました。

《芸術鑑賞教室》

Yale大学　Whim'n Rhythm　アカペラコンサート・授業交流が行われました。中学生は書道や折り紙、高校生は調理実習やフリートークで交流しました。英語が伝わる喜びを感じ、英語を学ぶ意欲をさらに高めた生徒も多くいます。

生徒の感想

今年も素晴らしいコンサートを聞くことができてとてもうれしかったです。あんなに気持ちよく歌うことができたらどんなに楽しいだろうと思いました。

ダライ・ラマ法王14世特別講演

生徒の感想

- 自分の道と他人の道とがぶつかったとしても、自分は「こうしたい」と思うことで、心にある不安や焦りもなくなっていく、そのことを教えて下さったのはこれからの私の人生にとっても勉強になることだと思いました。
- 平和であることに感謝して一人の人間として生きていくことを意識するのが大切だと思いました。私も笑顔を大切にすれば周りも明るくなり、自分自身の心も穏やかになると考えていたので、お話を聞いていてとても面白かったです。
- 相手と会話することでお互いに理解し合う事、戦争や暴力ではなく相手と向き合うことは国と国においても人と人、自分においてもあてはまる大切な事だと思いました。これから先も今の自分にできること「笑顔で日々のあいさつをする」ことを一層心がけていこうと思いました。

《ボランティア活動》　スポーツフェスティバル

子どもたちや知的障害者とともにスポーツを楽しむ

生徒の感想

- 最初はどんな風に接していけばよいのかわからず不安でしたが、子供たちと会ってみると心配することは何もなく、私たちも一緒になって楽しむことができました。できなくても一生懸命取り組むことは大事なことだと改めて感じました。できなかったことができるようになったときの嬉しそうな表情はとても印象的でした。
- 普段何気なく行動していることがその子たちにとっては難しいことであることを改めて感じました。実際に接してみることで、様々な緊張感を感じ、とても良い刺激を受けました。本当にたくさんの方々と関わり、協調性や社会性など、たくさんのことを学びました。

《芸術鑑賞教室》 映画「わたしはマララ」

生徒の感想

・一番最初の「奴隷として百年生きるより獅子として1日生きる」という言葉が胸に突き刺さりました。いろいろと考えさせられるとても奥の深い作品だったと思います。

・私と3歳しか離れていない少女がタリバンという組織に屈することなく子供たちの教育を訴え、世界を変えようとする姿に心を打たれました。

・「学びたい」と思っている子供達が世界にどれだけいるのか。私たちは当たり前のように学校に行って授業を受けています。それがどれだけ恵まれているか改めて実感しました。学べることに感謝したいです。

《芸術鑑賞教室》 音楽座ミュージカル「泣かないで」

生徒の感想

・ハンセン病患者たちへの無償の愛は、今の私たちにとってはなかなかできない素晴らしい行いという風に見えました。でも、これは本当は誰もがそうするべき、人間としての当たり前の行いだったのではないかと感じられました。

・人との1回1回の出会い、そして他人のために尽くし、一生懸命に今を生きることについて改めて考えさせられました。

・このミュージカルをみて感じたのは、世の中は決して平等ではないけれど、その中で自分がどう幸せをみつけられるかが重要だということです。

グローバルリーダー

都立大学クリーンキャンペーン

都立大学駅から八雲学園周辺までを地域の方々とともに清掃。

生徒の感想

・普段、学校の清掃活動を行っていますが、また違った雰囲気でした。地域の方々とお話ししながら取り組む時間は貴重なものになりました。

・毎日何気なく通っている登校路は、意外にも汚れているところがありました。そこに気づくことができ、精一杯清掃活動を行うことができました。また、地域の方々からこの地域の以前の姿をたくさん話して頂き、多くのことを知ることができました。これからもこの地域と学校の周りを大切にしていきたいと心から思える活動になりました。

《ボランティア活動》 敬老の日 八雲体育館に行ってみよう

生徒の感想

・ボランティア活動をしたことで相手の立場を考えて先に行動するようになり、貴重な体験をさせていただくことができました。

・お年寄りの方はやさしく受け答えをしてくださったので、スムーズに接することができ、マナー講座で学んだマナーをいかすことができた。こういったボランティアはやればやるほど人のことや接し方をおおく学ぶことができると感じた。

・高齢者の方にスポーツテストを通してもっと元気になってもらえたら良いと思っていたのですが、みなさんとても元気で色々お話をしてくれて、私が元気をもらいました。障害には目で見てもわからない障害も多くあります。このボランティアを通して相手のことを思うことの大切さを強く感じました。

おわりははじまり

私学《しがく》を通して未来《みらい》を見ると、とても豊《ゆた》かな未来《みらい》のすがたが期待できる。
私学《しがく》を通して今を見ると、とても豊《ゆた》かな学びの時空が広がっている。
子どもたちは、それぞれの場で自分自身を育てている。

でも、それは一部の子ども達《たち》のことでしょ？　と問われれば、その通り。一部です。
だからこそ、大切にしたい。より育て続《つづ》けたいし、広げていきたい。

今回はそのツールとして、SDGsを使います。
SDGsは、国連《こくれん》が活動する中から生まれてきたMDGs（2000年９月採択《さいたく》：2015年までに達成《たっせい》すべき国際《こくさい》社会共通《きょうつう》の問題）の次にかかげられた目標《もくひょう》です。SDGsに取り組むメンバーは、すべての国、すべての人々です。この地球上にある数え切れないほどの問題の中から、17の目標《もくひょう》が合意され、2030年のゴールとして表現《ひょうげん》されました。人間の世界も、少しずつ動き、変《か》わろうとしています。

SDGsをツールとして使い、この冊子《さっし》が光を当てたのは、私学《しがく》の活動と入試《にゅうし》問題です。
入試《にゅうし》問題はそれぞれ、その学校の教育に対する考え方を具体化《ぐたいか》しています。とてもたくさんの問題が、SDGsとつながっています。過去《かこ》10年以上《いじょう》をさかのぼって、入試《にゅうし》問題の中にSDGsとつながっている出題を確認《かくにん》することができます。もちろん、入試《にゅうし》問題としてつくられたものだけがSDGsとつながっているわけでもありません。それぞれ学校が取り組んでいる活動は本当に、SDGsを使って分類《ぶんるい》、分析《ぶんせき》ができるのです。
“世界に、未来《みらい》につながっている今”を私学の活動や入試《にゅうし》問題を通して見ることができるのです。

今ある良質《りょうしつ》な学びを認《みと》め、拡大《かくだい》していきましょう。この冊子《さっし》で紹介《しょうかい》できたのは、私学《しがく》の活動の中のほんの一部です。私学《しがく》の世界の中には、もっと広い視野《しや》で世界をとらえていく、もっともっと地球という星で生きる私《わたし》たち自身に焦点《しょうてん》が当たっている、ワクワクするような活動がたくさんつまっています。私学《しがく》が先行して示《しめ》す世界は、新学習指導要領《しどうようりょう》を通して、時間をかけて一般《いっぱん》の公立学校にも伝《つた》わっていきます。

“世界に、未来《みらい》につながっている今”を、自分の身近に見つけるチカラを持つこと。
SDGsというツールを使って、具体化《ぐたいか》、全体化をしていきましょう。

代表　高木幹夫